Discover ディスカヴァー
時報出

運用三張逆轉卡，
讓情緒轉換，不罵不逼，
孩子更願意聽！

零吼罵育兒的神逆轉練習

伊藤德馬 著　　黃瓊仙 譯

大家好，「不會再吼罵孩子了」吧？
育兒諮詢專家伊藤德馬。
完全沒問題，不會再吼罵了！
（太郎五歲）
太郎的媽媽真理子女士！
上了伊藤老師的講座，現在已經是「零吼罵媽媽」了！
真的嗎？
不過…偶爾也是會有想發脾氣的時候
難免都會啦
像昨天太郎洗完澡後…
哈哈哈
等一下，要擦身體！
腳底滑！
啊，危險！
腳滑腳滑
砰咚
啊！你還好吧？

都是媽媽不好！
哇哇哇！
怒火飆
爆炸了！
你再說一遍看看！
…事情就是這樣
是不是把所有怒氣都發洩出來了…
嘿嘿…
不過，我真的不想罵人～
沒關係！有個方法可以減少「忍不住想大聲罵人」的次數！
真的嗎？
而且很輕鬆就能看到效果！
那麼，就以愉快的心情來試試看吧！

前言

難免會有「氣炸想破口大罵」的時候

當父母情緒緊繃的時候，又遇到孩子連續出現問題行為的話，你一定會氣得說：「你在搞什麼！不要再鬧了！不是告訴你『不要亂動、亂摸嗎？』要我說幾次你才懂！」你怒氣全發，孩子則在一旁大哭，這時候連你自己也抑制不住怒火……各位難免都有過這樣的經驗吧！

然後，等到晚上孩子睡著後，你才自我反省，覺得很討厭自己……。有時候甚至會有負面想法：「像我這樣的父母，孩子會幸福嗎？」

該如何減少這樣的疲累感與愧疚感呢？很遺憾，我沒有特效藥可以給大家，不過，倒是有可以改善狀況的方法。

方法就是這本練習書。

本書沒有高難度的練習題，請抱著輕鬆愉悅的心情來閱覽本書。

本書主題

那麼，現在就開始了！

本書是我與同伴們將一直在執行的育兒練習講座「零吼罵育兒八策」的內容，以紙本方式重現的作品。

零吼罵育兒八策講座是**讓家長能以輕鬆心情來練習**「明白告知孩子替代行為」、「展現同理心」、「等待」、「提問・傾聽・思考」**等基本親子因應方法，進而習得育兒術的課程。**已在十數個政府機構或民間團體推廣執行。

在這個講座中，不談理論性的艱澀語言，參加講座的人都能輕鬆使用基本因應方法，面對課程中日常生活中常見的各種情境設定，來進行大量的練習。

筆者在看了受講者的問卷調查結果，發現整體的斥責頻率、吼罵頻率、對孩子感到焦慮的頻率皆有下降，而且稱讚孩子的次數也有所提升，初步成果非常好（滿意度高達98％）。

本書的學習主題就是「當孩子出現問題行為時，感到生氣而想要發飆怒罵的情緒之逆轉術」。

從眾多的基本親子因應方法中，挑選「告知教導」、「稱讚」、「讓孩子思考」、「在快要發飆時，轉換父母因應態度」等方法，讓父母透過本書練習，等到遇到實際情況就能加以應用，這就是本書的目的。

・平常該如何正向教養孩子呢？

- 在不經意下否定孩子的時候，該如何轉換你的應對方式？
- 父母為了讓自己可以輕鬆教養孩子，在遇到實際情況時，該如何面對與選擇因應方法呢？

以上就是本書的練習重點。

在育兒過程中，會有「教養孩子真的很累人，儘管如此，還是想知道有沒有更好的因應方法，可以讓自己輕鬆一點」想法的父母，更希望你們能透過本書來練習、實踐，幫你分擔解憂。

本講座的參加者以媽媽占大多數（所以，本書內文是以媽媽為觀點來進行練習，不過，並不認為「育兒就是媽媽的專屬工作」）。

閱讀完本書會有何成果？

讀過本書的家長們透過以下的流程，讓他們與孩子的相處變得更加和睦，**也常常會覺得「現在跟孩子溝通、應對變得比較順利」**。

①一邊看書一邊努力練習
②一點一滴學會了訣竅（用身體記住）
③正式上場（日常生活中）時，嘗試使用某個方法看看
④多次嘗試，總會有一次成功
⑤實際體驗「啊，原來就是這麼一回事啊」
⑥再嘗試看看
（參加講座的人所練習、實踐的過程就是這樣）

此外，本書「零吼罵育兒八策」的練習對象年齡大概在三歲以上。

因為練習內容是話語溝通術，三歲以上的孩子聽懂話意，能以言語與人應對，所以練習對象設定在三歲以上的孩童。**四歲至小學低年級的年齡階段是「練習、實踐、成效體驗」的最佳時期。**

小學高年級以後，因為進入了青春期，在實施上會有點難度，不過，打好基礎依舊是最重要的。因為每個人情況不同，成效差異大，不需要跟別人做比較。

作者自我介紹

我平常在市政府上班，並不是大學畢業後就當公務員，先於證券公司任職，後來在科技公司上班，最後再轉行於市政府任職。我的本科系也不是社福系或兒教系。

進入公家部門後，第二個所屬單位剛好分派我擔任育兒諮詢輔導員，那時適逢市鄉鎮政府單位剛開始處理兒虐事件的業務，也正是工作量最多的時候，我一面聽取各領域的專家建言，一面進行兒虐事件的處理，以及防暴事件發生的推廣。

我在公家單位及外圍單位處理各種相關業務長達十一年時間，後來成為「育兒八策」、市鄉鎮公所兒虐相關輔導事務的講師，後來因工作異動，我離開了育兒諮詢輔導部門，但現在仍以個人身分，繼續從事講師的工作。

閱讀前須知事項

雖然本書只是練習基本的親子相處因應方法，但是實際練習後，效果卓越。

理由很簡單。大多數父母對於親子相處因應方法未曾有過實際練習的機會，只要有練習的經驗，就能提升親子之間的溝通與相處的順暢度。

常聽人說「要稱讚孩子」、「要以平靜的語氣跟孩子交談」，但我們都只是聽聽而已，卻未曾有過實作的練習經驗。

因為如此，遇到實際狀況時，父母對於如何處理孩子的問題行為，難免就會顯得不知所措，會覺得辛苦也是理所當然。

我認為如果能讓門檻低的「練習場合」變多的話，應該可以改善現況，且為了讓更多人知道「零吼罵育兒八策」講座的實際練習的重要性，就有了撰寫本書的想法。

作法很簡單！

這本書的內容為基本的親子相處因應方法之練習，也就是基礎練習。**謹希望各位以輕鬆愉悅的心情，針對重要的基本親子相處因應方法，進行角色扮演練習。**

本書的練習方式就跟運動項目的練習一樣，不會傳授奇妙的方法，而是強調基礎的打底。簡單地說，就是**透過基本練習來提升於日常生活中實踐的可能性。**

透過書本練習的情況會跟實際參加講座練習略有不同，在練習之前，需要建立可以一個人持續練習的意志力、不過，已經開始閱讀本書的人，我想這方面應該沒問題，請繼續練習。

請用身體來記住當下的感覺，耐心練習到不需要用腦思考，就可以自然使用藍卡方法來解決問題的程度。

那麼，請繼續看內容來練習吧！

第1章

從基礎開始——五張基本卡

第3章 快樂的綜合練習！

第1章

從基礎開始

——五張基本卡

各位，開始練習囉！

為了提升「面對孩子問題行為感到生氣，想要發飆怒罵的情況」的逆轉可行性，本書準備了許多練習的例子，透過練習，相信大家的壓力與教養孩子的自信都會有大幅度的逆轉。

如果把親子應對術的專門訓練課程比喻為一輛高價越野腳踏書，本書就好比是一輛媽媽牌腳踏車。請以輕鬆自在的心情，使用本書訓練就可。本書目的是希望各位**以放鬆的態度練習，讓平日你與孩子的相處關係更融洽。**

本書將五堂時數皆為兩個小時的講座內容濃縮在一本書裡，對利用本書來練習的人來說，或許會覺得有點吃力，不過，別擔心，做了就對了。

當你「覺得快發飆」時，好比出現以下情況時，你都是如何因應呢？

這種情況下該說什麼？

洗完澡全身赤裸掛在門把上

四歲的太郎精力充沛，每次洗完澡，全身還溼答答就跑走，就算媽媽緊張地說：「很危險！」，他還是調皮地一絲不掛就跑走。

有一次他太開心，竟然全裸地單手抓著浴室門把吊單槓。然後門把發出奇怪的響聲，變得有些歪斜、鬆脫。

媽媽氣得大叫：「你在搞什麼！」，踏著濡濕的地板，朝太郎走去。

這種情況下，媽媽鐵定氣炸了。想也知道媽媽和太郎一定都不好受。

可是，站在父母的立場，當然不希望在這樣的情況讓彼此都不好過，雖然不想發怒，但還是不得不在生氣的情緒下，想辦法來教導孩子。

當這樣的事情持續發生，只是讓自己更辛苦而已。一旦陷入「又被激怒了↓明天起要努力控制脾氣↓唉，又發飆罵孩子了」的惡性循環，你的心情就會對工作或家事造成負面影響。

為了遇到這種討人厭的情況，你也能輕鬆應對，請透過本書依以下的步驟來練習。

❶解決孩子問題行為的應對方法的應用範圍

❷學習並習慣稱讚孩子

❸即使問題發生了，也能以正向態度冷靜教導孩子，並以讚美結束，成功逆轉情況！

關於③的逆轉情況，雖然練習過可能也只是偶然成功，但是**一旦有過成功經驗，父母的自我肯定感也會隨之上漲。**

那時候你會開心地對自己說：「哇哇哇！我剛剛是不是處理得很好？我終於做到了！」

因此，本書要各位練習的部分就是卷首的八張「藍卡」（雖說是「藍卡」，怎麼會有一張黃卡呢？理由容後說明）。

另一頁的「紅卡」是大家都會忍不住就亮出的卡片。列出來的原因不是希望各位的紅卡使用度能達到「0」的目標，而是希望盡量避免讓它們出現。

這些卡片的用法有以下的方式。①在練習責備孩子的方法時，請邊看卡片邊練習，②將卡片貼在冰箱門或牆上備用，③夾在記事本裡隨身攜帶。

本章節是由藍卡中的五個基本卡**「告知替代行為」、「一起做做看」、「展現同理心」、「情境製造」、「稱讚」**開始練習（關於詳情，請參考前一本著作《零吼罵育兒練習》）。

這本書深具練習的價值。

如果你只是閱覽，在心裡說：「嗯，這樣沒錯，原來是這樣」，沒有真的練習，是不會有任何成效的。

就當作被騙上了賊船，請認真練習。從頭到尾一字不漏地練習。

1

告訴孩子替代行為

「你要○○」

第一張藍卡是「告知替代行為」。當孩子出現問題行為時，要告訴他：**「你要○○」**或**「這時候你要○○」**。

趕快來練習看看吧！閱讀本書練習時，請盡量出聲練習，當成你是正式上場回答問題。**實境練習非常重要。**

或許你會覺得上演小劇場有點害羞，如果四周沒有人，就堂堂正正地出聲說話。如果所處環境不允許出聲，只能默默閱讀的話，請在大腦裡想像真實情境練習。

練習例子中的小孩主角是四歲的太郎。

練習時間！

這種情況下該說什麼？ 1

在浴室裡跑來跑去的太郎

媽媽要幫太郎洗澡時，太郎會自己先脫好衣服，然後就在浴室裡跑來跑去。

很幸運地，雖然太郎跑來跑去，但從未滑倒或跌倒，可是，媽媽還是認為太郎的行為很危險，必須提點與警告。

那麼，簡潔地告訴太郎「你要〇〇」，告訴他「替代行為」。

這麼說就OK!

「要用走的走進浴室」

「藍卡」的提示

那麼，你覺得如何呢？能夠簡潔告知嗎？平常遇到這種情況，你的回應是否跟以下的描述一樣呢？

- 你不要鬧了！給我站住！（曖昧不明）
- 不要跑！（否定）
- 我說的話你都不聽，不幫你洗澡了！（威嚇）
- 你為什麼會做出這樣的行為？為什麼要用跑的？（逼問式攻擊）
- 如果跌倒撞到頭，怎麼辦？浴室是危險的地方啊！
在浴缸裡跌倒的話，可能會溺死，如果媽媽沒有看見，很快就會溺死的！因為浴室是

家裡最危險的地方！（冗長的說明）

■你真的不知道什麼是危險。每次都要媽媽警告你，你覺得開心嗎？（厭惡）

■因為你做了危險的事，等一下洗完澡沒有冰淇淋吃！（處罰）

■※因為太生氣了，就大聲說話（吼罵）

洋洋灑灑寫了這麼多，不過，關於「零吼罵育兒八策卡」中的八張紅卡內容也因此介紹完畢。

總是忍不住會說出紅卡的情緒語言。但這也是不得已的，沒關係。

並不是用了這些紅卡，你就是「差勁的父母」。忍不住用到了紅卡，也是無可奈何的事。但是，如果一再使用紅卡來解決問題，不僅會讓親子之間蒙受巨大壓力，你的想法也無法清楚傳達讓孩子明瞭，只是讓身為父母的你更加累倦而已，所以希望你能避免亮出紅卡。

另一方面，藍卡內容是育兒類、商管類、約會術等書籍中常見的正向溝通方法，當你經常使用這些方法來練習，你跟孩子的溝通也會變得融洽。

接下來進入正題了，雖然你採用藍卡，對著在浴室裡跑來跑去的太郎說：「要用走的進浴室」，但太郎是否會乖乖聽你的話照做呢？看來也不是那麼容易就能如你所願。

可是，相較於使用紅卡，對著孩子大聲嚷：「你在幹嘛？給我聽話一點！」，前者的溝通成效更好。使用藍卡來與孩子溝通，比較能讓孩子了解你的期求。

每天使用藍卡練習，日積月累成效會慢慢提升。請各位抱著正向的期待心，輕鬆地練習吧！

這種情況下該說什麼？ 2

直接跳進浴缸裡！

再繼續上一個的洗澡話題。媽媽幫太郎沖洗好身體，太郎準備要進去浴缸泡澡時，他竟像跳水選手那樣，往前倒跳進沒有人的浴缸裡。

媽媽擔心持續這樣的話，太郎總有一天會受傷，所以要指正他的行為。

那麼，請使用「告知替代行為」的藍卡，與噗咚跳進浴缸裡的太郎溝通。

這麼說就OK！

「進浴缸時要慢慢坐下來」

「藍卡」的提示

這個例子的注意事項有三點。

①這種情況下會不由自主使用了「否定」的紅卡，對著孩子大叫：「不可以跳著進浴缸！」可是，這樣的說法不容易讓對方清楚你的要求，請多加注意。

「否定」語氣的話意只會讓人理解到「不可以這麼做」的訊息，孩子必須自己思考「該怎麼做才好？」。這時候，孩子可能沒辦法馬上想到答案。

「否定」語氣的訊息傳達率差，溝通成功率也低。因此，清楚地告訴孩子替代行為：「你要〇〇」，孩子聽懂了，父母也輕鬆多了。

②指正孩子行為時，語意要簡短明確。

在講座練習時，許多父母可能想著「要仔細傳達才行」，所以告知替代行為的內容就變得冗長。可是，話越多，越難清楚傳達。一旦「說明變冗長」，就會陷入紅卡的情境，請留意這一點。

③本書的例子只是舉例而已。各位採用的溝通方法會因每個人的家規、價值觀而有所變更。本書只是提供「虛擬情境」讓大家使用藍卡來練習，如果你想到的溝通方法跟例子所提的溝通方法不同，也不須在意。

各位在練習時，只要使用藍卡，方向性一致就可以。解決方法不是只有一個而已。

這種情況下該說什麼？ 3

難道在浴缸裡尿尿了？

媽媽和太郎一臉悠哉的在泡澡。可是，太郎竟裝作若無其事般，在浴缸裡尿尿了。太郎周邊的熱水立刻變混濁。

唉呀，當下有很多話想說，但如果要你簡短告知太郎以後遇到相同情況該如何做的話，也就是告訴他「你要〇〇」或「這時候要〇〇」的話，你會說什麼呢？請說。

這麼說就OK！

「想尿尿，應該去馬桶尿。」
「洗澡時，如果覺得快尿出來了，要先去上廁所。」
「泡澡時想尿尿的話，要跟媽媽說。」

「藍卡」的提示

唉呀，我很清楚這時候你會有何想法。遇到這種情況，會忍不住亮出紅卡來責備。

「你啊！可不可以聽話一點！髒死了！所以洗澡前都會問你：『要不要先去尿尿？』真是不敢相信，你怎麼會這樣！這些熱水怎麼辦？」你當下是不是會這樣唸小孩呢？

就算你發了這麼多牢騷，也是於事無補；因為問題關鍵在於，當你使用紅卡來怒罵孩子，孩子能聽懂多少呢？

在「零吼罵育兒八策」的講座課程，會將學員分成兩組，分別扮演父母角色和孩子角色，進行角色扮演的實作練習。扮演孩子角色的人，被扮演父母角色的人像這樣責罵時，不太能明白父母的要求是什麼。他知道自己現在被罵了，卻完全不知道扮演父母角色的人的期待行為是什麼。

在糾正孩子的問題行為時，簡潔明確告訴孩子替代行為的話，孩子比較能聽懂父母的話意，以後孩子表現出正確行為的可能機率也會提升，最終結果讓父母覺得教養孩子是件輕鬆的事，減輕他們的壓力。

父母對孩子說：「你啊！可不可以聽話一點！」或「想尿尿，應該去馬桶尿」，兩句話發言時所要花費的力氣是一樣的，但是內容不同，結果就有很大的差異。我們當然要選擇有利的發言。

此外，身為父母的人「有沒有想使用藍卡」這個想法也是一個問題所在。不過，練習的效果，並有用身體來記住當下感覺的話，會讓人在遇到類似情況時，自然而然會照他練習過的流程和身體的記憶來解決問題。總之，請腳踏實地、耐心地練習。

2

跟孩子一起做做看

「我們一起做一遍」

接著第二張藍卡的練習，也是非常簡單。

上一節是「告知替代行為」這張藍卡的練習，練習以簡短明確的語氣對孩子說：「你要〇〇」，而這一節的練習就是將兩個卡片組合在一起，**對孩子說：「我們一起做做看」，然後當下就實際跟孩子一起做**，就是這麼簡單。

步驟就是「你要〇〇」→「一起做做看」。

就是這樣而已。

那麼，我們趕快來練習看看吧！請抱著愉快的心情，試著上演一齣喜劇。請開始。

練習時間！

這種情況下該說什麼？4

看著興奮過頭的太郎，膽顫心驚

今天媽媽為了滿足太郎的心願，帶他去餐具店買碗。太郎原本是用塑膠碗吃飯，以後用的碗要跟媽媽和爸爸一樣，升級為陶瓷碗，所以他很興奮。

興奮過頭的太郎想摸一下他看上眼的碗，媽媽在一旁看著膽顫心驚，很怕他把店家的碗打破。

為了避免憾事發生，這時候要對太郎說：「你要〇〇」，告知他替代行為後，再跟他實際**「一起做做看」**。

那麼，請照這個順序來練習。

「替代行為」↓

「一起做做看」↓

這麼說就OK！

[替代行為] 有看到喜歡的碗，要告訴媽媽喔！

[一起做做看] 那麼，我們一起做做看。把你剛剛看了喜歡的碗告訴媽媽。

「藍卡」的提示

照著上面的流程來練習。

太郎：「我想看那個有飛機圖案的碗！」

媽媽：「你是說這個嗎？你很棒，會對媽媽說『想看』這句話。媽媽幫你拿。喜歡嗎？要不要再看一下其他的？」

如果能夠像這樣溝通，絕對會是一個美好的購物回憶。

如果少了「一起做做看」的步驟，情況可能會演變成這樣。

● 極端例子

媽媽：「太郎，如果有看到喜歡的碗，要告訴媽媽喔！媽媽再拿給你看。」

太郎：「好！」

太郎（走來走去……東看西看……，要伸出拿碗……）：「我喜歡這個飛機圖案的碗！」

媽媽：「等一下！把碗放下！你沒聽媽媽怎麼說的嗎？媽媽剛剛說了什麼？」

是不是有過這樣的經驗？具體簡短告訴孩子替代行為「你要〇〇」固然重要，但因為只是口頭說，多數情況下孩子仍是聽不太懂。

雖然孩子也認真在聽媽媽說什麼，還大聲回答「好」，但其實他可能有聽沒懂。畢竟大人和孩子的聽而行理解力是大相徑庭。

尤其是幼兒和小學低年級的孩童，他們的人生閱歷只有短短數年，一開始還是陪著他們一起做比較保險，這麼做也能減少父母發飆的機率。即便是大人，聽過後照做時，也會有不照所說去做的時候，更遑論孩子。

一起做做看的「一起」是關鍵重點。

當父母對孩子說：「你要這樣做。那麼，照媽媽說的做！」然後就轉身走掉，沒有跟孩子一起做做看，孩子依舊不曉得該怎做才好，結果，等媽媽再回來看的時候，孩子仍然表現出問題行為，這時媽媽又生氣大罵，這種情況如果持續出現，父母恐會養成一看到孩子做不對就發飆的習性。

當你向孩子傳達了「你要～」的訊息後，一定要當場跟他一起做做看……這一點非常重要。

這種情況下該說什麼？ 5

咦，左手跑哪去了？

媽媽和太郎去蛋糕店買蛋糕。結完帳時，店員送給太郎一小袋餅單。太郎很棒，有跟店員說「謝謝」，可是很丟臉地，太郎竟歪著身體，把左手伸進褲子裡，搔著屁股，只伸出右手接下店員的餅乾。

走出店家，媽媽稱讚太郎收到人家的禮物會說「謝謝」。然後媽媽要教太郎有禮貌的正確領受禮物的方法。請練習！

〔替代行為〕↓

〔一起做做看〕↓

這麼說就OK！

【替代行為】收禮物時，身體要站直，伸出雙手領收禮物。

【一起做做看】我們來做一次看看。那麼，身體站直，伸出雙手。

對，就是這樣，做得非常標準呢！

「藍卡」的提示

「一起做做看」的練習有兩種形式，一個就像之前「這種情況下該說什麼？4」的例子，當場一起實際做做看。另一個形式就如這次的例子，**為了下一次孩子能表現正確行為，親子一起在事前來一次「正式」的練習。**

若能用身體記住這兩種形式的練習，不管在任何時候，都可以自然而然對孩子說「你要〇〇」→「那麼，一起做做看」。

各位閱讀本書練習時，我會指定選用哪張藍卡和順序，不過，之所以會這樣指定，只是為了讓練習更有效率而已。

遇到真實情況時，你可以自由選擇想使用哪張卡片，以及使用順序，不想使用高難度的卡片也行。

至於藍卡的使用張數，只用一張也行，用了五張也可以。視每個人的家庭情況選擇你覺得容易上手的卡片來用就可。

容我再說一次，沒有所謂的唯一正確方法。

3

展現同理心

「你想〇〇，媽媽知道」「你想〇〇吧！」

育兒講座或育兒書籍常會介紹「同理心」這個名詞，同時也是商業管理領域（經營、交涉、客訴因應、下屬培育等）的研修課程或報導中，大家都很熟悉的話題。

因為太常見，**會覺得平凡，然而，同理心的行為卻能發揮強大效果。**關於「展現同理心」，本書列出以下兩個練習範例。

1　同感：「媽媽知道你要〇〇」（覺得能與孩子的情緒同感時使用）

例　孩子：「我還想玩！」
父母：「媽媽知道你還想玩。你玩〇〇玩得很開心，媽媽知道。」

2　複誦：「還想玩〇〇」（無法有同感時，像鸚鵡那樣複誦孩子的話）

例　孩子：「我還想玩！」
父母：「還想玩啊！」

好了，那麼我們來練習看看吧！

練習時間！

這種情況下該說什麼？6

狂吃的太郎

首先是「同感」的練習。

因為下午茶時間到了，媽媽在廚房把餅乾擺盤，然後交給太郎。太郎開心地端著盤子，朝餐桌走去；可是，他可能很想嚐嚐最愛的餅乾，竟在中途開始邊走邊吃。

媽媽告訴太郎：「要坐在椅子上再開始吃」，太郎卻辯解說：「我想趕快吃到嘛！」

站在媽媽立場，她能感受到愛吃鬼太郎想趕快吃到餅乾的心情，可是，她還是認為太郎要遵守餐桌禮儀，要坐在餐桌上食用才行。

那麼，請如標題所示，嘗試以「**同感**」來練習。

〔展現同理心（同感）〕↓

〔替代行為〕↓

〔一起做做看〕↓

這麼說就OK！

［展現同理心（同感）］媽媽知道，你想趕快吃到最愛的餅乾。

［替代行為］媽媽希望你坐在椅子上再吃。

［一起做做看］那麼，你現在坐著吃。

「藍卡」的提示

不要一開始就語氣嚴肅對孩子說教，**在溝通時能展現同感，會讓溝通更順利。**

我在講座上課，輪到我扮演孩子角色時，當受講者能感同身受釋出同理心的時候，雖然當時我是扮演孩子，但很自然地就會這麼想：「是啊！沒錯！媽媽能懂我的心，我是不是該聽她的話？」

不論大人或小孩，只要被人警告或制止，都會不開心，唯有同理心的話語能軟化這樣的負面情緒。

如果你有機會參加專為專家開設的研修課程就會知道，**托兒所或幼稚園的資深老師們都非常擅長如何釋出同理心。**我扮演孩子角色時，當扮演父母角色的老師們對我釋出同理心時，我會非常開心，內心很感動，比預想更能扮演出聽話的乖小孩角色。

本書在封面的書腰有一段文字「快要發飆」，本書的主題就是「讓你從氣炸想破口大罵的情況中逆轉」，當你處在上述的情況想有所逆轉時，釋出同理心是非常重要的。

身為父母的人心裡難免會這麼想：「還要展現同感，真麻煩！」或「就算我沒那麼說，孩子應該也懂要怎麼做吧！」然而，當你真的說出富有同理心的話時，你會發現你能站在孩子的立場思考。

作法很簡單，不用擔心自己做不到。當你覺得能與孩子有同感時，**只要先說：「媽媽知道你想○○」就好。**

展現同感的要訣不在於行為表現，**而是在於你要對被要求必須修正行為的孩子心情有所同感。**

即使你對太郎「邊走邊吃餅乾」的行為無法認同，但對於太郎「因為太喜歡這個餅乾了，喜歡到迫不急待要邊走邊吃」的心情，或許你「可以體會得到」吧？

這種情況下該說什麼？ 7

想快點出門時……

接下來是「**複誦**」的練習。

要去附近超市購物，正要出門時，太郎說：「我想帶著鯊魚寶寶一起出門！」，便走進屋裡要拿鯊魚玩偶。媽媽當然不准他帶著鯊魚玩偶出門，媽媽想趕快出門辦事。

如果媽媽此時時間充裕，可以透過「同感」的方法來跟太郎周旋；可是現在媽媽是這麼想的：「我要趕快出門，如果還帶玩偶，要提的東西不就會變多嗎？」無法對太郎展現同感。

因此，這種情況下，請試著複誦一次孩子說的話**「我想要〇〇」**，同時簡單地回應孩子。

〔展現同理心（複誦）〕↓

〔替代行為〕↓

這麼說就OK！

「展現同理心（複誦）」你想帶鯊魚寶寶一起出門啊……。
「替代行為」太郎，我們今天不帶鯊魚寶寶出門，把它放在玄關吧！

「藍卡」的提示

複誦孩子的話，除了能讓孩子覺得「我有在聽你說話」，而且在你重複一次孩子的話語時，多少也能讓你站在孩子的立場來思考。而且**你在複誦時，也等於為自己製造了「接下來我該說什麼？」的思考時間**。

這個例子如果沒有複誦這個步驟，事情會變成這樣。

太郎：「我想帶著鯊魚寶寶一起出門！」

媽媽：「今天不能帶鯊魚寶寶出門，把它放在玄關吧。」

這樣的對話聽起來有點冷漠無情。接下來太郎可能會抗議：「不要！我要帶它出門！」所以，還是要有複誦的步驟，事情才能圓滿解決。

雖說只是感覺上會圓滿解決，但只要把把孩子說的話再複誦一次，就能減少孩子反抗的可能性，就整CP值來看，是非常值得的，而且做起來並不難。

各位在使用藍卡時，有件非常重要的事要記住。不管是哪張藍卡，都會因不同的孩子個體或不一樣的情況，而適用或不適用。

這個例子用了「展現同理心」的方法，但也有可能在你對孩子展現同感，對他說：「你想〇〇啊！」，反而更惹他生氣，更大聲吵鬧說：「我想〇〇」。

因為不管是哪個方法，都不會是「對所有情況、對任何人都有效」，只能在嘗試&錯誤中學習，累積「在這種情況下，這個方法對我家孩子有效耶」的經驗。就跟運動項目的練習一樣，必須一再練習，才能找到最適合自己的方法。

只要能讓你們的親子溝通與相處越來越順利，這就是好方法。

4

情境製造

距離、視線、刺激

很多人會忽略製造情境的重要性，如果你想跟孩子溝通順利，**情境製造的步驟非常重要。**

但因為方法太平常，加上托兒所或幼稚園老師之類的專家在跟孩子溝通相處時都會自然地用了這個方法，導致我們很難看出這個方法的價值所在。可是，如果跳過情境製造這個流程，直接指正孩子或對孩子說教，等於一開始就把自己立於失敗之地。

在受講學員的回饋問卷**有一道問題是「只要用這個方法，情況就能有所改善」的藍卡是哪一個，排名第一的答案竟是「情境製造」。**

「情境製造」的重點有三個。

① **距離**　盡量靠近孩子身邊

・理想距離是伸手就可觸摸到孩子的距離（距離太遠，危險）

※如果父母很生氣，不必勉強自己靠近孩子身邊！

② **視線**　配合孩子視線高度，看著彼此的眼睛說話

・配合孩子的視線高度，你要蹲下來或半蹲（尤其是父母如果站著斥責孩子，會讓孩子有壓迫感，請注意）

・持續情境製造，直到孩子能看著父母的眼睛

③ **刺激**　減少對孩子的視覺刺激或聽覺刺激

・以沉穩的語氣說話

・改變場所、改變孩子的注視方向

・制止有聲音出現或會動的人事物在身邊出現，或者遠離現場，轉移場地

那麼，一邊練習，一邊解說。

練習時間！

這種情況下該說什麼？ 8

飯前總是吃了太多零食

今天婆婆（媽媽的母親）來家裡住。太郎跟婆婆很久沒見面，所以看到婆婆很興奮。

媽媽在廚房做飯。婆婆在客廳看電視，太郎坐在婆婆旁邊，他跟媽媽說好：

「只會吃一點點！」然後就跟婆婆一起吃起零食。

等媽媽轉身查看時，發現太郎吃了許多零食，媽媽就在廚房大聲叫太郎不要再吃了，可是，太郎只是嗯了一聲，又繼續吃。

因為婆婆疼太郎，這時候婆婆很不識趣地說：「吃這樣，怎麼會算多呢？」頓時讓氣氛變得很僵。

那麼，請依照以下三重點製造情境，這時候媽媽應該怎麼做才好呢？請練習。

①距離↓

②視線↓

③刺激↓

這麼說就OK！

①距離　走到太郎身邊。

②視線　配合太郎視線高度蹲下來，呼叫太郎，直到他與媽媽的眼睛四目交接。

③刺激（A情況）

跟婆婆說：「媽，不好意思，我要關一下電視。」然後把電視關了，為了不讓婆婆的身影出現在太郎的視線，你要坐在太郎會看到婆婆的相反位置。

（B情況）

把太郎帶到客廳角落，不讓婆婆和電視進入太郎的視線裡。

（C情況）

把太郎拉到走廊說話。

「藍卡」的提示

關於距離和視線，越靠近越好，你可以蹲下來叫聲孩子，與他四目交接，做起來其實蠻簡單的。

至於減少刺激，則需要花點心思。

這個例子的刺激源是電視和婆婆。

電視：如果開著電視跟孩子說話，他會不專心而東張西望，媽媽說話的聲音會跟電視聲音夾雜在一起，無法順利把話說完。

婆婆：很久不見、最愛的婆婆會出現在太郎視線裡，婆婆也會插話，這麼一來太郎就無法專心聽媽媽的話（婆婆如果跟媽媽站同一陣線，這種情況下婆婆會成為助力）。

也可能會有其他狀況，你要視情況來製造情境，才能發揮效果，也許要先制止太郎繼續吃零食，或把零食袋移到太郎視線外，

還有，各位可能也察覺到了，**藍卡的方法只有在父母時間和心情都寬裕的情況下才能實施，才有成效。**所以，如果在忙碌的早晨時候使用，難度很高。

不過，等父母習慣使用藍卡，也能夠隨機應變，對藍卡的使用有自信後，就算是忙碌的早晨時光，也可以逐步使用。

總之，**當你覺得可行時，就試著使用藍卡看看，至少這是讓你有成就感的最佳捷徑。**

可是，也常常會有這樣的結果，特地用了藍卡，但是卻無法順利解決問題，不過，情況並沒有變得更糟糕，整體來看你並沒有任何損失，所以不要抱怨，也不須在意。

當你發現紅卡情況出現的頻率變少，藍卡出現頻率逐日增加，就表示你漸漸可以跟孩子順利溝通，這是好的結果，你只要關注好的轉變就可！

你不用嚴肅地看待失敗，也不須反省。從容去做就好。

5

稱讚

「你做到〇〇了」

當孩子表現了期待行為，**要用話語對他做到的事加以稱讚，告訴他「你做到〇〇」或「你很努力做到〇〇」。**

本書所謂的「稱讚」，就是對孩子的「正常行為」給予回饋。

儘管效果不大，但是**孩子得到稱讚的話，他就會持續這個好行為，養成習慣的可能性也會提高。**其實，大人也是一樣的情況。

一般說來，當我們聽到育兒專家說：「稱讚你的孩子吧！」就會認為專家要求父母要有超級正面的想法，以為專家話中涵意是「多多稱讚你的孩子，如此一來父母要孩子都能過得幸福的日子，這是最棒的育兒術！」（太先入為主了吧？）不過，在此要各位稱讚孩子的用意並非如此。

我想告訴各位的是，當你稱讚孩子的好行為，告訴他：「你剛剛做的很棒！」孩子會開心，然後他表現期待行為的次數會慢慢增加，最後父母的教養壓力就會減輕，教養工作更有效率。

※關於稱讚的方法眾說紛云，也有各種選擇，比如說「稱讚結果 or 稱讚過程 or 稱讚想有好表現的心意」或「告訴孩子對他有益的部分 or 媽媽對孩子表達謝意」等等。因此，講座學員們也常常問我：「到底該採用哪個稱讚方法比較好呢？」不過，「育兒八策」講座不觸及如此高難度的事，所以我會這樣回答學員：「只要以肯定的態度反饋孩子，對他說：『剛剛你做得很棒！』，接下來選擇各位覺得做起來得心應手的稱讚方法來讚美孩子就可以。」

首先，利用以下的練習問題，針對「稱讚方法」說明。

練習時間！

這種情況下該說什麼？9

叫他收拾玩具，就把玩具用丟的丟進玩具收納箱裡

最近太郎在收拾玩具時，都是用丟的，把玩具丟進箱子裡。剛剛太郎也把玩具火車丟進箱子裡，媽媽想指正他的行為。

那麼，請告訴太郎替代行為。

這麼說就OK!

「玩具要輕輕地放進箱子裡。」

「收拾玩具時，要把玩具放進箱子裡，再把手放開。」

「藍卡」的提示

「稱讚」時，請記住三個重點。

重點1　稱讚對象的行為是「正常行為」

關於練習例子提到的「把玩具丟進玩具箱裡」的問題行為，媽媽提示的替代行為是「玩具要輕輕地放進箱子裡」。

那麼，問各位一個問題。請速答「是」或「不是」。

問題 各位認為把東西收進抽屜或櫃子時，不是用丟的，而是輕輕放進去的行為是「很棒的行為」嗎？

嗯，幾乎所有人都回答「不是」。因為收拾物品時，將東西輕輕擺放進去是正常行為，大家都是這麼做的。

於是，這裡就有個「讓你老是罵小孩的陷阱」。

請各位試想看看，我們會罵孩子，會指正孩子，都是在他連普通的事情都做不好的時候。比方說，站在椅子上跳、用手背擦鼻水、做錯事也不道歉等等。

而且，**我們教導孩子的正是正常行為。**譬如要坐在椅子上、用面紙擤鼻水、做錯事要道歉……，我們只是想告訴孩子「這麼做的話，你就可以在這個社會好好生活」。

問題行為的相反就是期待行為。然而期待行為不是很棒的行為，只是正常行為。

因為很重要，我要再重申一次。

問題行為的相反行為＝期待行為＝正常行為

所以，**「正常行為」就成了稱讚對象。**尤其在孩子出現問題行為時，我們有教導他替代行為（＝正常行為）的話，當孩子做到這個正常行為時，就會想稱讚他。

可是，正因為正常行為太普通，父母很難察覺到，進而忽略了。

譬如剛剛的例子，媽媽教導太郎收拾玩具的方法，他有聽進去，不再用丟的，而是把玩具放進箱子裡，但是媽媽完全無視的可能性其實也很高。

另一方面，父母平常並沒有意識到孩子的問題行為，可是有一天突然被他看見了，就馬上認定孩子不對。在看到的瞬間馬上怒火中燒，劈里啪啦地罵孩子。

結果，稱讚的機率變少了，變成老是在罵孩子。

不過，稱讚，做起來其實很簡單。只要稱讚普通的事就可。

如果對於孩子的問題行為有告訴他替代行為的話，並在他能做到替代行為的時候，稱讚他「你會〇〇」，這樣就可以，不需要浮誇的稱讚。

●重點2　其實，期待行為已經出現過很多次了

假設載太郎出門，他坐在第二排的座位，常會出現腳踢前面駕駛座椅子的問題行為，每次媽媽都亮出紅卡，生氣地說：「我跟你說過幾次了！你這樣踢椅子，會影響開車的人，無法專心開車！」

是不是常有這樣的事？因為說過很多次了，所以更生氣。這也是沒辦法的事。

那麼，在此跟各位確認。這種情況下，想提示太郎什麼樣的替代行為呢？

是不是想到答案了？我會告訴太郎：「把腳放下、坐著」。這也是一個正常行為。

那麼，請試著想像一下，出現這個「踢駕駛座椅子」問題行為的情況是怎樣的呢。

・媽媽和太郎坐上車，車子開始啟動前行。太郎這時候還乖乖地坐著。
・太郎覺得無聊，開始很有節奏感地輕踢媽媽坐的駕駛座位。
・太郎被媽媽制止了很多次，最後終於不再踢椅子，觀看窗外風景。
・太郎再次踢椅子，媽媽又制止他，他才停止踢。
・到了目的地，媽媽和太郎都下車。

各位覺得如何？可以想像得到嗎？重點就是請回想剛剛的想像內容，太郎坐在車裡的時候，是否一直踢駕駛座的椅子？

答案是NO。

雖然每個人想像的內容都不一樣，不過，如果說太郎「持續出現踢椅子的問題行為」或「每次百分百都會踢椅子」，可能性極低。

那麼，當太郎沒有出現問題行為時，他會做什麼事呢？這時候他的所作所為不過是「正常行為」。而且，**太郎出現問題行為的時間只是一下子而已，大半時候他的表現很正常普通。**

在剛剛的例子中，太郎坐進車裡後，他是一直乖乖坐著。就算媽媽沒有提醒他，他已經能表現出期待行為。中途雖然有好幾次踢了座椅，可是其餘「沒有踢座椅的時間」更長。

換言之，從父母的觀點來看，因為討厭孩子的問題行為，只要一發現，就會覺得孩子老是出現問題行為。但事實上，孩子已經表現出與問題行為相反的正常行為，搞不好孩子表現出正常行為的機率還比較高。

所以，**稱讚孩子的機會是隨處都有。**

各位可能覺得我很囉嗦，但請容我再說一次。當你視「踢駕駛座座椅」是問題行為，其相反行為的「雙腳放下坐著」就是稱讚的對象。

而且，站在父母立場，會認為「制止好幾次了，還是踢椅子，真的很氣人！」然而事實上，孩子已經做到期待行為的「雙腳放下坐著」，這個期待行為的出現機率甚至比「踢駕駛座座椅」的問題行為還頻繁。

由此看來，日常生活中充斥著對孩子稱讚、進行正向教養的機會。

●重點3　透過稱讚，減少問題行為發生

這個例子中的太郎問題行為「踢駕駛座座椅」的解決對策就是，當太郎「聽媽媽的話，雙腳放下座著時」或「雙腳放下乖乖坐著時」，就要多多給予稱讚。當太郎得到讚美，表現出該期待行為的可能性會略微提升。

然後，如媽媽期待「雙腳放下坐著」的行為出現頻率會提升，同時，「踢駕駛座座椅」的問題行為出現頻率也會減少。

總之，**透過稱讚正常行為這件事，可以減少孩子問題行為發生的機率，降低父母怒罵孩子的頻率。**

稱讚的目的不是直接消滅孩子的問題行為，而是改變孩子行為，提升他表現正常行為的次數。

當你習慣「透過稱讚間接減少問題行為發生」這件事，你在教養孩子之事上就會變得輕鬆。然後你會發現「透過責備減少問題行為發生」的方法，而且實施難度很高。

綜合重點一、二、三，**所謂的稱讚教養就是只要稱讚孩子的正常行為，在我們的生活中充斥著這樣的機會，稱讚可以減少孩子問題行為的發生，讓你教養工作更輕鬆有效率。**

縱觀上述的言論可以知道，「斥責孩子」和「稱讚孩子」的目的都是為了增加孩子表現期待行為的機率；不過，哪個方法比較有利呢，當然是「稱讚孩子」的方法責備、指正、曉喻等的教養當然也重要，在「零吼罵育兒八策」中，這方面也做了許多的練習；可是，如果要達到最大效果，連你在責備孩子的時候，若使用藍卡的方法來教導孩子，就會變成是正向教養的模式，孩子表現出期待行為的可能性會提高，**尤其最後能不能以稱讚的方式來劃下句點，更形重要。**

當然我並不是說：「只要稱讚孩子，所有問題就都解決了！」，也有的事情並非稱讚就能有所改變，有時候孩子得到稱讚，反而得意忘形，引發多餘的問題。

遇到上述情況時，你就誇自己能做到稱讚教養這個方法，同時妥善地轉換心情，保持情緒不受波動。

這種情況下該說什麼？10

用購物推車玩停車入庫的遊戲……

去超市購物時，都是太郎負責推推車。當媽媽在選購商品，背對太郎的時候，太郎便開始用推車玩停車入庫的遊戲，等媽媽回頭看時，只見其他客人都小心翼翼地走過太郎身邊。

媽媽邊向其他客人說抱歉，並告訴太郎叫他乖乖站在原地等候，媽媽也當場跟太郎一起練習，實做一次。

那麼，要給各位出題了。為了以後太郎不會在超市再拿推車玩停車入庫的遊戲，採用稱讚的方法來糾正太郎行為，請問太郎表現出哪樣的行為時，你會予以稱讚呢？

這麼說就OK！

等媽媽的時候呢，你就站在原地等，不要動推車。

「藍卡」的提示

上述那句話就是媽媽教導太郎的話。當太郎記住媽媽的話，偶爾有站在原地等候，沒有玩推車，一定要對太郎做到媽媽所說的行為這件事予以稱讚。

如果孩子玩推車，父母當然會加以注意，不過，**我更希望能將焦點擺在孩子「沒玩推車，安靜站著等候」的正常行為，為了讓孩子經常做到期待行為，要給予稱讚。**

6

基本卡的使用確認問題

那麼，複習一下之前介紹的五張基本卡的練習問題。

不必害怕。練習並不是為了找到完美的答案，只要記住當下的感受，知道遇到類似問題時，「原來是要這樣做啊」就可以，**請盡量出聲練習。**

就跟學習運動或樂器一樣，只要練習，技巧就會提升，成為高手。

練習時間！

這種情況下該說什麼？11

一直大聲喊「我要坐啦」的太郎

媽媽帶太郎去美食街用餐。剛好是午餐時間，人很多；不過媽媽察看四周，覺得應該等幾分鐘就會有座位，所以跟太郎一起站著等。

可是，等不到一分鐘，太郎就一直大聲喊著：「我要坐啦！」

練習11-1

首先明快地依照以下的步驟，跟一直大聲嚷嚷「我要坐啦！」的太郎溝通。

〔展現同理心（同感）〕↓

〔替代行為〕↓

這麼說就OK！

〔展現同理心（同感）〕是啊，想趕快坐下來。

〔替代行為〕在等座位的時候，我們先點餐，你告訴媽媽你想吃什麼。

「藍卡」的提示

因為替代行為有許多選項，當下你想到什麼就說出來。你也可以這樣對孩子說：「你可以告訴媽媽『你想坐著！』」，可是，不要說得那麼大聲，要像媽媽現在跟你說話一樣，小聲地說，讓媽媽聽到就好」或「等的時候，我們來玩文字接龍遊戲吧！」

還有，在這樣的情況下，如果孩子能短暫表現出替代行為的話，要予以稱讚，如果無法長時間表現出替代行為，這也是沒辦法的事，但只要孩子能做到，就要稱讚。

「打招呼問候」是單一動作，孩子可以輕易辦到，可是，「在孩子等得不耐煩的情況下，還要他持續表現替代行為」，未免太強求。

再說，當「想睡、疲倦、肚子餓」的時候，大人都會覺得心情不好，根本沒耐心等候，更何況是小孩子。

錯不在孩子，**而是環境的關係，因為「在那樣的環境下，讓你無法實施教養，孩子難免會鬧」，這麼想的話，就可以釋懷。**

練習 11－2

情境設定依舊是「一直大喊著『我要坐啦！』的太郎」。

這次的練習情境設定跟「練習11－1」相同，但在溝通時，請更加細心與耐心。

〔展現同理心（同感）〕↓

〔情境製造〕↓

〔替代行為〕↓

〔一起做做看〕↓

這麼說就OK！

「展現同理心（同感）」媽媽知道你想坐。

「情境製造」（蹲下來，與太郎四目交接）

「替代行為」當你要說「想坐」的時候，不要那麼大聲，跟你剛剛跟媽媽說話時那樣的聲量就可以。

「一起做做看」來，再跟媽媽說一次「想坐」看看。

「藍卡」的提示

如果太郎照媽媽說的做，最後別忘了稱讚他。

那麼，我們也針對「事前因應」練習一下。到目前為止，我們都是針對太郎出現問題行為後的事後教養在練習。

「事前因應」就是對「將來可能會冒出這樣的問題」的情況，使用藍卡先打預防針。作法跟前述一樣，只有一點不同，就是實施的時間點在「問題行為發生之前」。那麼，趕快來練習看看吧！

練習 11-3

最近出門外食時，太郎都沒有耐心等空位，老是一直大叫著：「我要坐啦！」

今天也跟往常一樣，要去百貨公司美食街用餐，剛走到入口處，媽媽心裡就這麼想：「現在正是午餐時間，人一定很多，要等座位，太郎待會一定又會一直大叫：『我要坐啦！』吧？」

因此，媽媽決定對太郎「事前因應」。在美食街入口處前，請對太郎說：「在等座位時，不是一直大叫『我要坐啦！』，你覺得該怎麼做才好呢？」

〔情境製造〕↓
〔替代行為〕↓
〔一起做做看〕↓
〔稱讚〕↓

這麼說就OK！

〔情境製造〕太郎，過來一下？（蹲下來，四目交接）

〔替代行為〕等一下我們要等空位，在等位子的時候，不是一直叫著「我要坐啦」，跟媽媽一起玩文字接龍，開心地等。

〔一起做做看〕那麼，我們先來練習一下文字接龍（稍微玩一下文字接龍遊戲）。

〔稱讚〕對，就是這樣，你做得很好。等一下等位子時，我們就玩文字接龍吧！

「藍卡」的提示

父母很清楚自己的孩子會有什麼樣的問題行為，雖然知道「哇，這麼多人要等位子，他一定又會大叫『我要坐啦！』」，但如果沒有事先打預防針因應，到時候孩子一定會出現問題行為，然後你又是氣噗噗地說相同的話：「跟你說過幾遍了，怎麼都聽不懂！」

如果能預想到會有這樣的問題發生，最好事前就做好防範。

事前有所防範的話，因為問題行為並沒有發生，所以親子溝通是順利的，以後孩子正常表現的可能性也會提高，最後還可能贏得你的稱讚，以稱讚來結束這個教養過程。

當孩子出現問題行為予以指正責備，以及當孩子表現期待行為予以稱讚，兩者雖然都是在教養孩子，但**如果要說哪個方法輕鬆有效，當然推薦稱讚教養的方法。**

因此，請務必記住，使用藍卡進行事前教養，效果更強大。

練習 11－4

這是「練習11－3」的續集。媽媽對太郎說：「等位子的時候，來玩文字接龍吧！」所以實際在等座位的數分鐘，母子二人開心地玩文字接龍並等候。

過程中媽媽都沒有動氣，真的讓人鬆口氣，而且太郎也順利就座了。

那麼，請好好地稱讚太郎。

〔情境製造〕→

〔稱讚〕→

這麼說就OK！

〔情境製造〕太郎！太郎！（牽著他的手，四目交接）

〔稱讚〕你有照約定，開心地跟媽媽玩文字接龍、等位子！太郎，你真的好棒！

這種情況下該說什麼？12

搶著要按出水鍵，卻又不按

到美食街用餐，等到位子後，媽媽和太郎到附近的飲水機倒水。

因為太郎說：「我想按鍵」，媽媽就把杯子放好，抱起太郎，等他按鍵。可是，太郎只是一臉興奮地看著按鍵，卻遲遲沒有按下去。

練習 12-1

在這裡先喘口氣吧！一直以優等生父母形式進行教養，真的很累。

在這個例子，媽媽會被太郎弄得很焦慮，忍不住使用紅卡斥責孩子。

那麼各位，請跟平常一樣，盡情地斥責吧！

這麼說就OK！

「喂，快點按啊！不要讓我等！為什麼不要快點按？你到底想幹嘛？」

「藍卡」的提示

因為平常用紅卡用得很習慣，所以說得很溜。在「零吼罵育兒八策」講座中，說到用紅卡來練習看看時，學員們的表情都變得很有朝氣（笑）。

練習 12-2

那麼，正式用藍卡練習了。

因為媽媽抱著太郎，無法按出水鍵，於是簡單地告訴太郎「替代行為」，那麼，該怎麼說呢？請試著說說看。

〔替代行為〕↓

這麼說就OK！

〔替代行為〕趕快按按鍵。

練習 12-3

因為太郎遲遲沒有按鍵，媽媽就把太郎放下來。

因為今天媽媽心情不錯，時間也充裕，告訴太郎一被媽媽抱起來，就要馬上按按鍵。請依照以下的步驟練習。

〔情境製造〕↓

〔展現同理心（同感）〕↓

〔替代行為〕↓

〔一起做做看〕↓

〔稱讚〕↓

這麼說就OK！

【情境製造】（蹲下來，與太郎四目交接）

【展現同理心（同感）】媽媽知道你很開心可以按按鍵。

【替代行為】可是，媽媽一直抱著會很累，當媽媽一抱起你，希望你趕快按下按鍵。

【一起做做看】那麼，我們現在來做做看。

（抱起太郎，讓他按鍵）

【稱讚】你可以很快就按好了嘛！

把雙手縮離袖子，晃著袖子走路

這是美食街系列的最後單元。

太郎開始吃烏龍麵。吃完了很無聊，就把手縮離長袖T恤的袖子，晃著空空的袖子在玩，害得袖子差點甩進麵碗裡（剛好平安過關）。

太郎察覺到氣氛不對，在媽媽要罵人前，說了一個奇怪的藉口：「剛好手滑。」

練習 13-1

首先，練習如何事後處理。

〔展現同理心（複誦）〕↓
〔替代行為〕↓
〔一起做做看〕↓
〔稱讚〕

這麼說就OK！

〔展現同理心（複誦）〕手滑了嗎？是這樣啊？
〔替代行為〕把手穿進袖子裡。
〔一起做做看〕現在你做做看。
〔稱讚〕對，就是這樣，很棒，這就是正確的穿衣方法。

練習 13－2

接著，練習**「事前因應」**。

這個例子的問題行為是「把手縮離袖子，晃著空空的袖子」，每次外食太郎都很開心，用完餐後覺得無聊時，就會出現這個行為。今天媽媽也帶太郎來美食街用餐，在太郎拿起筷子要享用最愛的溫泉蛋烏龍麵之前，媽媽突然想到，如果等一下吃完麵，太郎又晃袖子的話，那就麻煩大了。

那麼，請在太郎「開動」前做好事前防範，不讓太郎待會又玩晃袖子遊戲。

〔情境製造〕→

〔替代行為〕→

〔一起做做看〕→

〔稱讚〕→

這麼說就OK！

〔情境製造〕太郎，你看一下媽媽。

〔替代行為〕吃完飯後，把手穿進袖子裡，然後靜靜坐著。

〔一起做做看〕那麼，你知道怎麼做吧？現在做一次給媽媽看。

〔稱讚〕你會做嘛！太棒了！

練習13-3

這是「練習13-2」的續篇。太郎用完餐後，乖乖地把手穿進袖子裡，靜靜坐著。

請趕快稱讚太郎。

〔稱讚〕↓

這麼說就OK！

〔稱讚〕太郎，你有聽媽媽的話，雙手穿進袖子裡，安靜坐著，你真棒！

這種情況下該說什麼？14

洗完澡全身赤裸掛在門把上（又來了）

再度使用這本書介紹的第一個例子來練習。

太郎洗完澡後，媽媽要幫他擦身體時，他總是會跑掉，就算媽媽生氣了，叫他乖乖站著讓媽媽擦身體，他依舊笑著跑掉，還全身赤裸地掛在浴室門把上。結果門把發出啪噠的聲音，一看門把有點變形歪掉了。

媽媽氣得大吼：「你到底在幹嘛！」朝著在濕答答的地板上走來走去的太郎走過去。

練習 14－1

首先來個不符合實際的假設，假設媽媽奇蹟似地恢復冷靜，所以請你試著以冷靜的態度來因應問題。

媽媽雖然大吼：「你到底在幹嘛！」，假設她在朝太郎身邊走過去的時候，情緒就已經冷靜下來了。

那麼，請試著跟太郎溝通。

〔情境製造〕→

〔展現同理心（共感）〕→

〔替代行為〕→

〔一起做做看〕→

〔稱讚〕→

這麼說就OK！之一

「情境製造」（走到太郎身邊，然後蹲下來）

「展現同理心（同感）」你太開心了，所以就開始調皮了。

「替代行為」門把不是用來吊單槓，它是用來開門、關門的。

「一起做做看」門把有可能被你弄壞了，你試著開門、關門一次看看。

「稱讚」就是這樣，門把是用來開門、關門，你現在知道怎麼用了，真棒。

這麼說就OK！2

【情境製造】（把太郎帶回浴室門前脫衣服的地方，兩人坐在地上，四目交接）

【展現同理心（同感）】媽媽知道如果被人追，會很自然地想跑掉。

【替代行為】雖然媽媽知道你在想什麼，可是當你洗好澡，要乖乖站好等媽媽幫你擦好身體，才可以離開。你可以做到嗎？

【一起做做看】那麼，我們來做一次看看。你再一次走進浴室，然後從浴缸起身走出來，就站在原地。來，用毛巾擦身體。

【稱讚】就是這樣。擦身體的時候，你乖乖站著不動，做得很好！

「藍卡」的提示

如果像這個例子，孩子出現一連串問題行為時，難免會想要一次解決所有的問題行為。可是，如果要一次解決的話，你的發言會變太冗長，孩子也不容易理解。因此，基本上**建議一次只鎖定一個問題行為，溝通內容力求簡潔。**因為日常生活中隨時都有教養的機會，就算沒有當場一次解決所有的問題行為，日後還是有機會遇到，並加以解決。

練習14-2

這次要點壞心眼，來個有點惡作劇的問題。

在「這種情況下該說什麼？」14的例子，情況設計是一開始媽媽很生氣地走向太郎，用了好幾個紅卡來吼罵。後來媽媽察覺，自己用了會後悔的教養方式，才從紅卡轉換為藍卡跟太郎溝通。

那麼，就依情況的進展來練習。

首先，媽媽生氣地走到太郎身邊。

然後，請試著很自然地使用紅卡來教導孩子。

這麼說就OK！

「你看你，做了什麼！門把會被你弄壞！你給我本份一點！」

「藍卡」的提示

然後，察覺到自己用了「會後悔的溝通方式」的媽媽，趕緊從紅卡切換為藍卡，跟孩子進行溝通。

那麼，一開始會使用哪張藍卡？哪張藍卡才適合呢？

好了，不再跟各位開玩笑了，像上述那樣很自然地用了紅卡溝通，察覺自己做錯了，趕緊切換為藍卡的情況，如果要求各位使用之前練習過的五張藍卡（基本卡）來處理問題，應該有難度。

明明很生氣，卻要你突然以冷靜的語氣對孩子說：「媽媽知道你很開心，開心到用門把來吊單槓。」確實是強人所難。

因此，接下來的章節的練習主題就是「逆轉卡」，傳授各位如何使用逆轉卡，神逆轉眼前的難題。

第2章

減少暴怒想罵人的次數

——三張逆轉卡

首先介紹之前練習過的基本卡，以及接下來要出場的逆轉卡之特徵。

○基本卡

在教養孩子，跟孩子溝通時，基本卡的使用頻率很高。

使用基本卡，可以增加與孩子進行正向溝通的機會，於是，親子關係會日益好轉，父母也會更有自信，可以從容地跟孩子溝通。

有了這些日積月累的練習經驗，就算父母遇到會讓人感到焦慮或暴怒的情況，也可以輕鬆應付。

若遇到難纏的情況，要求你只能用基本卡來解決，未免強人所難，所以請跟「逆轉卡」搭配使用。

○逆轉卡

逆轉卡搭配「基本卡」一起使用。父母在看到孩子出現問題行為，氣得想罵人的時候，逆轉卡就是幫助父母逆轉情緒，使用藍卡跟孩子進行正向溝通的王牌。

當你習慣使用逆轉卡，日常遇到小問題要教導孩子時，就能有效率地使用逆轉卡，使用的範疇也會更加廣泛。

不過，如果沒有練習過，會很難派上用場。所以接下來會讓各位多加練習。

那麼，現在就要開始三張逆轉卡**「等待」、「冷靜」、「提問・傾聽・思考」的練習。**

1

等一下

「1、2、3、4、5」

作法很簡單。只要等待就可。**也就是說先暫停，什麼話都不要說，靜靜等待。**

在等待時，你可以放空發呆，也可以思考「接下來我要怎麼做？說什麼話好呢？」。等待的時間其實只有數秒至數分鐘，不過，本書的等待時間設定為**「從1慢慢數到5的時間」**。

當你在糾正孩子錯誤時或催促孩子時，「等待」這張卡就要亮相了。**尤其是孩子不聽話、反抗，父母感到暴躁、怒火中燒，不知該如何因應的時候，更建議要等待。**

在這樣的情況下，當你想轉換、使用其他藍卡之前，先等待一下。**雖然只是短暫等待，卻可以創造出許多成效。**關於「等待」的方法，與其以文字說明，不如讓各位實際體驗，更能抓到箇中秘訣，那麼，我們就開始練習了。

練習時間！

這種情況下該說什麼？15

在玩具賣場一直說「我要這個、我要這個」

太郎在逛玩具賣場，逛得正投入時，媽媽說：「太郎，該回家了」，結果太郎轉頭看了一眼媽媽，又繼續看玩具。

那麼，請用**「等待」**卡，來跟孩子溝通。

媽媽「我們要回家了！」

太郎「（轉頭看了一眼媽媽，視線再度回到玩具身上）」

↓

媽媽〔等待〕

↓

媽媽〔展現同理心（同感）〕

↓

媽媽〔替代行為〕

↓

太郎「不要回家！」

↓

媽媽〔等待〕

↓

媽媽〔替代行為〕

↓

太郎「……。真拿媽媽沒辦法，回家吧！」（走到媽媽身邊）

↓

媽媽〔稱讚〕

這麼說就OK！

媽媽：「我們要回家了。」

太郎：「（轉頭看了媽媽一眼，視線再度回到玩具身上）」

媽媽【等待】（真拿他沒輒。1、2、3、4、5。嗯，我該怎麼說才好呢？）

媽媽【展現同理心（同感）】「啊，你還想再看玩具啊！」

媽媽【替代行為】「可是，我們該回家了，回去吧！」

太郎：「不要回家！」

媽媽【等待】（1、2、3、4、5。回到家後，晚餐要煮什麼呢？）

媽媽【替代行為】「太郎，我們該回家了，來，牽著媽媽的手。」

太郎：「……。真拿媽媽沒辦法，回家吧！」（走到媽媽身邊）

媽媽【稱讚】「謝謝你肯聽話，跟媽媽回家！」

「藍卡」的提示

各位有何感想？應該有抓到重點吧？

「等待」會創造出如下的效果。

①給孩子「轉換心情的時間」

因為孩子畢竟還是孩子，必須給他時間轉換心情。在這個例子，太郎內心可能陷入這樣的糾葛：「我知道應該要回家了……，可是……，我還想再看一下」。而且，他需要時間來跨越心中的糾葛。

換言之，只要給太郎一些時間，或許太郎會自己主動「要回家」，最後得到媽媽的稱讚。

可是，實際遇到這個情況時，通常父母都會冒出這句話：「不要每次都讓我一催再催，再看一下就要回家了！」雖然有給孩子時間等他轉換心情，但是催促的那支箭也未免射出得太快了吧！

情況如下所述。

●催促之箭太早射出的例子

媽媽：「要回家了喔！」
太郎：「（怎麼辦？我知道要回家了，可是還想再看一下……）」
媽媽：「（生氣了！為什麼不肯馬上聽話，乖乖跟我回家！）」
媽媽：「快點！我們該回家了！」
太郎：「不要！」
媽媽：「你說什麼！那麼，你留在這裡，待會自己回家！」
太郎：「我不要啦～！」
媽媽：「你真的很煩！是不是要討罵！」

哇，好可怕⋯⋯。媽媽沒有給太郎等候的時間，一開始就是連珠砲地責罵太郎，剝奪了太郎跨越內心糾葛的機會，只見旺盛燃燒的怒火。

從客觀角度來看，催促之箭太早發射就會演變成剛剛的情況，導致不幸的結果。

在此有個重點想提醒各位，也請父母們要記住結果會如何的選擇權在你，你希望孩子表現期待行為而稱讚他？或是等他出現問題行為再責備他？決定權通常都在你手上。

當然，並不是每次等待就會有圓滿的結果，不過，基於「等個幾秒鐘也許會有美好的未來降臨」、「提早一分鐘或許會錯失寶藏」的想法，**試著等待一下，投資報酬率會比想像還多。**

只是，溝通順利而稱讚孩子與因孩子反抗而斥責，父母在兩種情況所要承擔的壓力與自我肯定感絕對是截然不同。

還有，當你用了「等待」卡，心中決定要浪費數分鐘而開始等待時，事情的進展常常會超乎你所想，只要等待幾秒鐘，問題就順利解決了。

②為自己製造該如何跟孩子溝通的思考時間

當我們在責備孩子時，說話速度會變快，語氣也會很急，就算罵到一半才察覺，並反問自己：「天啊？怎麼把事情搞成這樣？」，你也無法馬上制止你的怒氣，只能繼續罵人。

因此，最後才後悔：「剛剛如果有先聽孩子說話就好了」或「剛剛的語氣實在太糟糕了」，卻已經來不及了。

不過，如果你用了「等待」卡，就能防範上述情況發生。

不管你才剛開始發言或話說到一半，只要學會並習慣馬上停止開口，默默等待就可。

只要你可以等待，就有時間思考：「我該說什麼？該怎麼跟孩子說呢？」或「孩子會這麼做，應該有什麼理由吧？」。尤其在你對孩子的問題行為或叛逆態度感到生氣時，如果能夠「不說話，先等待」的話，**之後父母在跟孩子的溝通與教養上，可以更得心應手，也可以表現得更從容。因此，建議多多使用「等待」這張逆轉卡。**

③可以針對孩子的問題行為溝通指正，不偏離重點

重複組合式藍卡「等待」→「替代行為」→「等待」→「替代行為」的步驟，就**可以針對話題焦點的問題行為與孩子溝通**，在正向教養時，這一點非常重要。

以下是情況15的溝通不良例子。

媽媽：「我們該回家了！」
太郎：「我想再看一下。」
媽媽：「我不是跟你說過嗎？再不回家會來不及煮晚餐。」
太郎：「晚點吃沒關係。」
媽媽：「晚吃的話，大家都會很困擾，你的睡前聽繪本故事的時間就沒了。」

太郎：「那麼，不吃晚餐不就得了。」
媽媽：「什麼？不吃飯會長不大！既然你這麼說，以後都不做飯給你吃！」
太郎：「長不大就算了！我不需要吃飯！」
媽媽：「真的被你氣死了！」

就像這樣，媽媽像連珠炮般責備著太郎（原本應該是想對太郎說，我們趕快回家吧）。

如果轉換溝通方式，**採用「等待」→「替代行為」的組合，媽媽只須以平淡的語氣說出相同的話，就可以讓溝通變得順利。**

④淡定地告訴孩子「父母絕不會讓步」的立場

當孩子找藉口要把自己的問題行為正當化或任性耍脾氣的時候，站在父母立場會認為「我必須保持強硬堅決的態度，一定不跟孩子妥協」，所以就以威嚇或處罰的強硬手段來解決問題，結果被鄰居或所轄的派出所通報你家暴孩子，甚至還有人因此被社會局關照輔導。

認為不能讓步確實是正確決定，但是採取的手段不對。

如果淡定的以「等待」→「替代行為」的組合方法，一再地跟孩子溝通，就能順利解決問題。

曾在講座課程中扮演過孩子角色的人應該很清楚，在角色扮演練習的時候，扮演孩子的人就算多麼地任性、鬧脾氣，扮演父母角色的人只要態度堅定，不吼叫罵人，淡定地把重點擺在替代行為的告知，扮演孩子角色的人真的心裡會這麼想：「啊，這個人看起來態度很堅定，看來是不會讓步的，就算我耍賴也沒用。」

總而言之，就算沒有大聲罵孩子，沒有威嚇孩子，沒有處罰他，如果善用「等待」的方法，可以清楚表現出父母「絕不讓步」的態度，孩子也會明白。

這種情況下該說什麼？ 16

叫孩子把最心愛的火車玩具收好⋯⋯

媽媽在廚房準備晚餐。太郎在客廳玩火車。媽媽走到太郎身邊，因為等會要吃飯了，告訴太郎收拾火車玩具。

那麼，扮演媽媽的角色的各位，請依照以下流程跟太郎溝通。

① 告訴太郎替代行為「把火車收起來」。

嗯，剛剛這輛列車的電力系統發生故障，大約會晚十分鐘開車。在緊急時候發生故障，造成各位乘客不便，在此致上十二萬分的歉意。等一切善後完畢還需要一點時間，請各位再等候一下。

這個藉口簡直無懈可擊！

第 2 章　減少暴怒想罵人的次數

②因為太郎會回話，所以等待

（在心裡默數「1、2、3、4、5」，等待）

③「等待」的時間到了，再一次告訴太郎「把火車收好」。

④一直重複做②～③。

⑤最後太郎讓步，開始收拾火車玩具了，要對太郎自己主動收拾玩具的行為加以稱讚。

在這個例子裡，有一點請注意，這次太郎很聰明會回嘴，還會反問，一個不小心，你可能就被太郎的話牽著走；不過，**還是請你態度淡定地重複「收拾」↓（「回嘴」↓）「等待」的流程。**

那麼，正式練習了。媽媽走到太郎身邊，從告訴他期待行為開始。請說。

媽媽（替代行為）↓

太郎：「誰規定一定要收拾？不收拾也沒關係！」

媽媽〔等待〕↓

媽媽〔替代行為〕↓

太郎：「媽媽，你自己還不是有時候會把衣服和包包放在沙發上，你也沒有收拾啊！」

媽媽〔等待〕↓

媽媽〔替代行為〕↓

太郎：「今天晚餐吃什麼？我現在還不餓！」

媽媽〔等待〕↓

媽媽〔替代行為〕↓

太郎：「如果是迴轉壽司就好了！迴轉壽司比我們家的飯好吃太多了！」

媽媽〔等待〕↓

媽媽〔替代行為〕↓

太郎：「……」（讓步了，一臉不甘願地收拾玩具）

媽媽〔稱讚〕↓

這麼說就OK！

媽媽〔替代行為〕「太郎，把玩具收一收。」

太郎：「誰規定一定要收拾？不收拾也沒關係！」

媽媽〔等待〕（1、2、3、4、5）

媽媽〔替代行為〕「把玩具收一收。」

太郎：「媽媽，你自己還不是有時候會把衣服和包包放在沙發上，你也沒有收拾啊！」

媽媽〔等待〕（1、2、3、4、5）

媽媽〔替代行為〕「把玩具收一收。」

太郎：「今天晚餐吃什麼？我現在還不餓！」

媽媽〔等待〕（1、2、3、4、5）

媽媽〔替代行為〕「把玩具收一收。」

太郎：「如果是迴轉壽司就好了！迴轉壽司比我們家的飯好吃太多了！」

媽媽〔等待〕（1、2、3、4、5）

媽媽〔替代行為〕「把玩具收一收。」

太郎：「……」（讓步了，一臉不甘願地收拾玩具）

媽媽〔稱讚〕「你會自己主動收玩具，真棒！」

「藍卡」的提示

各位，覺得如何呢？不要被太郎的頂嘴行為影響，淡定地重複**「等待」↓「替代行為」的流程**，太郎真的會自己主動收拾玩具了吧？

需要做的只是一再重複「等待」和「替代行為」的流程，看起來很簡單；可是，實際做了以後，會覺得還蠻難的。

而在實體講座課程中，只有少數人認為剛剛的練習「簡單」，多數人一面倒認為做起來「很難」。覺得難的人大致給了如下的兩個意見，在此與大家分享。

① 對於太郎的提問，置之不理好嗎？

關於這個問題，並沒有所謂正確的答案，所以沒有硬性規定要全程保持沉默，不理會孩子的問題。不過，如果孩子不是頂嘴，他是真的有疑問要弄清楚的話，當然可以回答他。

如果是我看到太郎回嘴，還提問的話，我會當場簡單回答他的提問，但馬上會再回到藍卡教養的步驟，告訴他「把玩具收一收」；或者跟他說：「你的問題等一下再回答你」，等他把玩具收拾好，再詳細回答他的問題。各位可以參考我的作法。

②保持沉默不說話的等待很難熬

這個問題嘛……**只能讓自己習慣，別無他法，所以就努力練習吧！**明明很生氣要罵孩子，卻要保持沉默，的確會覺得難受，有的人可能受不了就發飆了。

唉，這也是無可奈何，不過，只要練習，每個人應該都能做得到，所以請開開心心地練習吧！

這種情況下該說什麼？17

難道？他在舔砂糖？

接下來依舊是逆轉卡「等待」的練習。

今天媽媽心情超好，可以從容跟孩子溝通。總之，請一開始就用「等待」這張卡。在等待的時候，思考怎麼教導孩子吧！

練習17-1

媽媽洗好衣服，也晾好衣服，回到客廳時，發現廚房有動靜，傳來奇怪的聲音。

樂在其中
舔砂糖的妖怪
嘿嘿嘿嘿
特寫
獨家新聞
幫你拍了照片，再做成海報，在附近張貼，讓大家欣賞！
不要！

於是媽媽走去廚房，看見太郎背對著媽媽，手裡抱著一包一公斤裝的砂糖，用手指沾糖舔著吃。

那麼，請練習。

〔等待〕 ↓

〔情境製造〕 ↓

〔展現同理心（同感）〕 ↓

這麼說就OK！

〔等待〕（1、2、3、4、5）

〔情境製造〕（走到太郎身邊，蹲下來）

〔展現同理心（同感）〕嗯，很想舔舔糖，嚐嚐看是什麼滋味吧！

練習17-2

媽媽小心翼翼地製造情境，讓自己同感太郎的心情，可是太郎卻一直低著頭，不敢看媽媽的眼睛。來，請試著跟太郎溝通。

〔等待〕↓

〔情境製造〕↓

〔展現同理心（同感）〕↓（針對太郎一直低著頭的行為展現同理心）

這麼說就OK！

【等待】（1、2、3、4、5）

【情境製造】太郎，看著媽媽。

【展現同理心（同感）】媽媽知道你以為會被罵，所以不敢把頭抬起來。

練習17－3

因為媽媽小心翼翼地安撫太郎的情緒，太郎終於有所行動。太郎依舊坐著，轉身面向媽媽。這時候，原本在太郎膝上的糖掉下去了，撒了整個地板，變成白色沙灘。

那麼，請跟太郎溝通。

〔等待〕↓

〔替代行為〕↓

這麼說就OK！

【等待】（1、2、3、4、5）

【替代行為】太郎，媽媽收拾好之前，你就乖乖坐著，可以嗎？就像現在這樣，坐著就好。

「藍卡」的提示

各位辛苦了。雖然忍不住有許多話想說出口，但是要忍著不說，這樣各位是否都學到「等待」的訣竅了？

雖然只是一念之間，但是先「等待」一下再出手的話，可以避免事後後悔，確實是個很棒的溝通術。

不過，沒有每次都選擇「等待」也沒關係，只要在環境許可下有做到就可以。偶爾能做到等待，事情也因此圓滿解決，自己也覺得「我很棒！」，這樣就夠了。

可能有人會覺得前述的情境設定「不現實」，但為了提升練習效率才會如此設定，所以還是請各位照著做。如果練習的例子情境設定太真實，也許有人會想：「這種情況我一定氣炸，不可能保持沉默地『等待』」而放棄練習。

還有，如果是危險的情況或等待後會讓情況更糟糕的話，就不能使用「等待」的方法。請在適合的情況下使用。

關於「等待」卡的練習，本書設定了三個情境讓各位練習，分別是「這種情況下該說什麼？」15的「催促孩子時」、16的「孩子頂嘴反抗時」、17的「突發問題時」。

「等待」的作法就只是默默等待而已，但是在許多情況下它都可以派上用場，**這張「等待」卡能為你製造免除孩子出現問題行為的機會，也能讓你逆轉心情，思考如何使用藍卡來教導孩子。**

2

冷靜
「深－呼－吸、深－呼－吸」

「冷靜」的方法很簡單。**當你覺得焦慮時就深呼吸，大口吸氣、吐氣兩次就可。**

就算沒做深呼吸，喝個水或慢慢數數，只要能在數秒間將怒意揮走，什麼方法都行。不過，**深呼吸是隨時隨處都可做**，所以本書是透過深呼吸來練習冷靜。

當你學會「冷靜」，在你被孩子的問題行為氣炸，在怒火要爆開前的瞬間，就可以順利逆轉心情。

如果能夠不讓怒氣冒出，接下來又能使用之前練習過的基本卡，與孩子進行正向溝通，就真的是「逆轉大成功」。

……所以，這張「冷靜」的藍卡非常特別。特別原因在於對與孩子溝通有問題的父母而言，「冷靜」是他們高度需要學習的技巧，可是另一方面，他們又不太相信「冷靜」這個方法的效果。這中間的違和感正好突顯這張卡的特殊性。

我在接受親子教養相關媒體採訪時，編輯或撰寫員會給我看他們做過的讀者問卷調查資料，在「希望刊載的內容」這個項目，很多人回答「想學會控制自己的情緒」。

其實，憤怒管理系列的親子教養講座也很受歡迎，因為真的有這方面的需求。

因為有這樣的需求，在行政單位的育兒手冊或網路的育兒資訊相關報導中，常會看到這樣的文字：「當你焦慮時，就深呼吸吧！」。

不過，在育兒八策講座中，當我告訴學員：「現在要開始深呼吸，練習冷靜溝通。可是，在練習之前，請大家告訴我對於『深呼吸』這個名詞的直接印象是什麼？」最常聽到的回答是「雖然知道深呼吸這個詞，但是從未真正做過」、「只是深呼吸就能達到冷靜的效果，太不可思議了」、「覺得太刻意，又不好意思，很難能讓自己深呼吸」。

然而，親子教養練習講座「零吼罵育兒八策」就填埔了箇中的違和感。在教養孩子時，真的需要「冷靜」，專家們也介紹深呼吸的方法，所以深呼吸一定有效果。

不過，有人會因為麻煩或覺得太刻意、覺得丟臉，就不想嘗試這個方法。

如果你是這樣想，那就太可惜了！先把難處擺一邊，就開始練習吧！實際做過就會知道，當我們吸氣、吐氣地深呼吸後，就會很自然地使用藍卡跟孩子溝通。

那麼，趕快開始練習吧！

練習時間！

這種情況下該說什麼？18

搶著按飲料販賣機，要買茶，卻按了母子都不敢喝的碳酸飲料

在酷熱的夏天，媽媽帶著太郎去騎腳踏車，媽媽跟在旁邊跑了好幾圈，覺得非常口渴，於是想買自動販賣機的寶特瓶裝茶飲解解渴。

媽媽把錢投進去，正要按茶飲的按鍵時，太郎卻惡作劇地按了錯誤的按

鍵，結果跑出來一瓶碳酸飲料。

媽媽和太郎都不敢喝碳酸飲料……。媽媽很生氣，但是心裡想：「我不想罵人罵得很累，小小責備一下就好了。」所以就止住怒氣了。

那麼，請用**「冷靜」（大大深呼吸兩次）這張卡溝通。**

請開始。

〔冷靜〕 ↓

〔情境製造〕 ↓

〔替代行為〕 ↓

〔一起做做看〕 ↓

這麼說就OK！

【冷靜】吸氣—吐氣、吸氣—吐氣

【情境製造】（蹲下來，與太郎四目交接）

【替代行為】當媽媽要按自動販賣機的按鍵時，你要站在媽媽旁邊，安靜等著。

【一起做做看】那麼，媽媽會再買一次茶，你靜靜站在媽媽旁邊。

「藍卡」的提示

不能每次都能像這樣順利溝通也沒關係。本書的「冷靜」並不是要求你要成為聖人，而是希望你在「覺得怒氣要爆發，快忍不住」的時候深呼吸，能夠逆轉逆你怒火就好。

瞬間沸騰的怒火很難馬上消氣，所以請你先閉上眼睛。等到你覺得能「冷靜」溝通，就會自覺「啊，我又要用不好的方式管教孩子」，然後就會逆轉。

像這個例子，如果媽媽沒有先深呼吸，直接跟太郎對話的話，怒氣會一直上升，並開始使用紅卡跟孩子溝通，如此一來親子之間就會開始累積負面情緒，可能話不投機，不曉得在哪個點就踩到地雷，讓事情一發不可收拾。

●沒有先深呼吸就直接跟孩子對話的情況（有點誇張的例子）

太郎調皮地按了按鍵，結果跑出來碳酸飲料。

媽媽：「（唸他一下就好了）」

媽媽：「太郎，你知道你不可以亂按嗎？」（逼問式攻擊）

太郎：「（我該回答什麼好）……」

媽媽：「喂，不要不說話」（否定）

媽媽：「你按的果汁是碳酸飲料，你和媽媽都不敢喝。現在怎麼辦？要把它帶回家嗎？你為什麼要亂按呢？」（逼問式攻擊）

太郎：「（不行，我不能開口，萬一說錯話，一定會被罵）」

媽媽：「喂，以後別再這麼做了。你很奇怪，都不聽話，你知道嗎？」

（詞意不明、逼問式攻擊、厭惡）

媽媽：「你自己做了不好的事吧！為什麼不說話？你回答啊！每次遇到這種時候，就保持沉默裝乖！」（詞意不明、逼問式攻擊、否定、威嚇）

太郎：「……」

媽媽：「不要不說話，快回答！！！」（氣炸了）

沒有先深呼吸，就是變成這樣的情況。一路發飆下去，很自然就會一再亮出紅卡。

於是，一旦進入紅卡的溝通過程，就算你想好好地跟孩子溝通，最後還是一再使用紅卡，很難再轉換為藍卡。

為了避免這樣的事發生，一開始一定要「冷靜」。

這種情況下該說什麼？19

玩完積木不收好，老讓家人踩到積木

媽媽在廚房踩到了玩具積木。看來是太郎玩了積木，沒有收拾，就這樣擺著走掉了。媽媽很生氣，對著在客廳的太郎大聲叫，叫他把積木收好。

媽媽：「玩具玩好了，要收好。如果像這樣被踩到，玩具會壞掉。這組積木可是去年聖誕節聖誕老公公送的寶貝禮物呢！」

媽媽想到的方法
在太郎的床上
擺滿積木
不行，不可以這樣
我要冷靜

太郎：「那麼，媽媽收拾就好了！」

聽到太郎這麼說，媽媽當然很生氣，可是，請忍住怒氣，冷靜地應對。

〔冷靜〕

↓

〔情境製造〕

↓

〔展現同理心（同感）〕

↓

〔替代行為〕

↓

這麼說就OK！

【冷靜】吸氣ー吐氣。吸氣ー吐氣

【情境製造】（蹲下來，與太郎四目交接）

【展現同理心（同感）】媽媽知道你覺得收玩具是件麻煩事……。

【替代行為】首先呢……還是要把玩具收好。

「藍卡」的提示

就算深呼吸，你的怒氣或心情的悸動也不會完全消滅；刻意深呼吸會造成各種結果，讓怒氣達到最高點的情況也是有可能。

儘管如此，**你要記住一件最重要的事，深呼吸確實能讓上述糟糕狀況發生的可能性降低。**生氣罵孩子只會讓親子身心疲累，還會把怒氣延續到下一次孩子又出現相同問題行為之時，有時候甚至會引發夫妻爭執，真的壞處多多。

請務必把以下的話先放在心裡，本書叫各位透過冷靜逆轉心情，並不是說「深呼吸後就能讓怒氣完全消失，就能輕鬆地與孩子進行完美溝通。」

雖然現實的成效只是些微，但是**卻能給各位帶來十足的幫助。**

這種情況下該說什麼？20

把整捲衛生紙塞進馬桶裡

媽媽和太郎都在家，突然太郎叫媽媽去廁所，一看衛生紙連捲芯塞滿了馬桶。馬桶裡水滿了，只好用手將衛生紙清除。

照太郎的說法，他很喜歡玩衛生紙溶於水的遊戲，所以忍不住就把新買的衛生紙放進馬桶裡，想看它溶於水。錯在太郎，太郎卻以不關他的事的語氣說：「因為衛生紙不會溶解，所以塞住了。」

那麼，雖然瞬間就要發飆了，但請扮演在發怒前忍住怒意的媽媽，來練習吧！

〔等待〕↓

〔冷靜〕↓

〔等待〕↓

〔替代行為〕↓

這麼說就OK！

【等待】（先等一下吧！1、2、3、4、5，首先深呼吸）

【冷靜】吸氣－吐氣、吸氣－吐氣

【等待】（該說什麼呢。…？再等一下好了。1、2、3、4、5，該怎麼說才好呢？）

【替代行為】太郎，下一次只要把你用過的衛生紙丟馬桶沖掉就好。（唉，還是收拾吧……）

「藍卡」的提示

這個例子用了最強組合的兩張藍卡「等待」和「冷靜」。

當父母忍著怒氣不發洩到達最顛峰的時候，就好像盛滿整個杯子的水，隨時都可能會溢出來，這時候除了需要深呼吸，還要選擇「等待」的藍卡來搭配，才能夠小心翼翼地和孩子溝通。

還有，當引起問題的孩子或孩子造成的慘況就在眼前，這時候父母想冷靜，也可能做不到。

這時候如果可以的話，建議父母去別的房間，或者讓孩子離開現場。

問題未必需要當場解決，等冷靜過後，再好好地跟孩子溝通，父母會比較輕鬆。

像這個例子，在告知替代行為這個步驟時，你也可以這樣跟太郎說：「媽媽在整理馬桶的時候，你去客廳等媽媽。」讓太郎離開現場，避免看到肇事者就生氣。（不過，

如果媽媽整理好，走到客廳看到太郎超開心地在看電視，媽媽有可能會大發飆。笑）

平常我們不太會想到要深呼吸，但在我們的講座課程中接受過密集深呼吸練習的學員們常發表如下的感想：「放假的時候很自然就會一直深呼吸」、「當我會深呼吸後，家人會跟我說：『媽媽，你要深呼吸』」、「聽了其他學員的實行報告，我帶著半信半疑的心態試著做做看，真的有效呢！」由此可見大家的感想都一樣，深呼吸真的很重要。

因此，當你要發飆時，**就先深呼吸吧！**只要練習過，就一定能做到。

附錄：除了深呼吸，還有其他方法

對於覺得「在孩子面前做不到深呼吸」或「出門時，在外面深呼吸會引其旁人側目」的人，傳授各位深呼吸以外的冷靜方法。

①用全部心思去想冰箱冷凍庫裡有哪些東西

例：冰箱裡有水餃、牛肉、雞肉和烏龍麵。還有……，嗯，最裡面有冷凍的咖哩和燉牛肉，這是好幾天前就煮好的，好像好有魚片，還有什麼呢？

②用全部心思去想昨天、前天的三餐吃了什麼

例：昨天的晚餐是雞排、燙菠菜、佃煮紅蘿蔔，還有……。對了，海帶芽蛋花湯。昨天晚餐吃了便利商店的飯糰和綜合蔬菜湯。早餐是簡單的吐司和咖啡。前天晚上呢？嗯，吃了什麼呢……？

③用全部心思重複做單純的計算題

例：計算7的倍數。7、14、21、……、91、98、105。算得好累，可以結束了嗎？

你想選用哪個方法呢？每一個方法都可以。

建議選擇你認為最簡單好做的，**在問題發生的時候能馬上派上用場的方法**。

3

丟出問題・讓孩子思考

「會變成怎樣？」「下次該怎麼做才好呢？」

最後介紹的藍卡是「提問・傾聽・思考」。為了給孩子問題，並讓他思考，所以要提問。

提問的內容不需要特別的內容，**只要將你想問的事情，簡短地向孩子提問。**

重點在於為了能使用藍卡循序漸進與孩子溝通，你不要把負面情緒加入其中，也不要責備孩子，要正向提問。

例

①弟弟在哭，可能是哥哥對他做了什麼，才會哭吧，這個時候
↓詢問兄弟倆發生什麼事。

②兄弟二人在搶玩具，哥哥打了弟弟，這個時候
↓讓兄弟二人想想，接下來要如何處理才好。

抱持正向肯定的態度，以「提問．傾聽．思考」的方式與孩子溝通，並接受孩子的回應，接下來就可以順利以其他藍卡進行親子溝通。

許多情況都可以使用「提問．傾聽．思考」這張藍卡，以下三種情況的使用頻率最高，也建議遇到這些情況，就使用這個溝通方式。

① 確認狀況
② 確認理解度
③ 檢討行為

從日常生活的微教養到怒氣快要飆出、緊張氣氛正濃時的溝通，「提問・傾聽・思考」這張逆轉卡都適用，所以它的應用範圍很廣泛，也是為你與孩子之間製造良性溝通最強效的一張藍卡。

雖然這麼說……，如果用錯一步，紅卡出場的風險很高，是一張很危險的卡（我最喜歡這種安危在一線間的感覺）。

至於該如何使用呢？現在就依照上述的三個情況來練習，並確認吧！

首先從①「確認狀況」開始。

練習時間！

這種情況下該說什麼？21

是誰吃了冰淇淋？

因為太郎只要看到餅乾或冰棒，就會全部一次吃光光。所以，媽媽規定他，要吃以前必須經過媽媽的許可。有一天，太郎趁媽媽不注意時，偷吃了冰棒，媽媽是從客廳的垃圾筒發現太郎丟的冰棒袋子。

從情況來看，太郎應該偷吃了冰棒，不過，詳細情形是怎樣，並不清楚。

那麼，請你問太郎，為什麼垃圾筒裡會有冰棒的袋子。請營造正向肯定的氛圍來詢問太郎，讓你在太郎回答後，你可以回他：「這樣啊？原來是這樣！」

這麼說就OK！

「媽媽看見垃圾筒裡有冰棒的袋子，太郎，你知道是誰吃了冰棒嗎？」

「是你吃了冰棒嗎？」

「藍卡」的提示

很多情況都是必須先確認狀況，才能讓對話繼續。就這個例子來說，可能是太郎吃了冰棒，但也有可能是爸爸吃的。還有，就算是太郎吃了冰棒，或許他也有不得已的理由。

能夠確認狀況的話，就會知道該「稱讚」、「指正」或「表示同感」等；而且，如果要組合藍卡與孩子溝通，確認狀況後就會知道該如何組合，對孩子進行正向教養。

此外，**一旦確認狀況後，也可以避免一味用責罵的方式來教導孩子。**

若以這個例子來進行狀況確認、指正教導，進展情況如下所述。

媽媽〈提問〉：「太郎，垃圾筒裡有個冰棒的袋子，你知道是誰吃了冰棒嗎？」

太郎：「咦？有冰棒的袋子……」

媽媽〈等待〉（1、2、3、4、5）

媽媽〈再一次等待〉（1、2、3、4、5）

太郎：「是我吃了冰棒……」

媽媽〈稱讚〉：「是這樣啊？你很誠實，很棒。」

媽媽〈提問〉：「太郎是瞞著媽媽，偷偷吃了冰棒囉？」

太郎：「是我吃的……」

媽媽〔展現同理心（同感）〕：「原來是這樣。媽媽知道你很想吃冰棒。」

媽媽〔替代行為〕：「所以呢，以後你想吃的話，要先跟媽媽說，可以嗎？」

太郎：「知道了，我會跟媽媽說。」

①「確認狀況」是讓親子對話可以朝藍卡方向進行的重要第一步。

在你貿然斷定錯在孩子時或你以為「事情經過一定是這樣吧？」而打算責罵孩子前，若先詢問孩子確認狀況的話，也有可能不須責備孩子就把問題解決了。雖然，這樣的例子不常見，不過，先確認狀況真的很重要。

然而，像例子所述要先簡單確認狀況，真的要你這麼做，其實很難。因為我們總是很容易被負面情緒牽著走，馬上就亮出紅卡來教訓孩子。

那麼，先來做幾個有趣的練習吧！

這種情況下該說什麼？ 22

是你弄斷了媽媽的口紅嗎？

太郎鬼鬼祟祟地，不曉得在浴室做什麼。媽媽走過去一看，太郎手裡拿著媽媽的口紅，站著不動。只見折斷的口紅芯滾到地板上。

請練習兩次，詢問太郎：「為什麼口紅會斷了？」

第一次使用藍卡「**提問・傾聽・思考**」，以正向肯定的語氣來確認狀況，問太郎是怎麼一回事。

（漫畫）
媽媽：為什麼媽媽的口紅會斷掉？
太郎：我拿口紅畫畫，結果它就斷了！
媽媽：你說的這是什麼話！

第二次請使用紅卡「逼問式攻擊」，以責備的語氣質問太郎。

第一次和第二次父母所抱持的態度正好相反，但提問的內容都一樣，只有「為什麼口紅會斷了？」這句話而已。相同的一句話，但是語氣不同，請以「正向肯定語氣提問」和「逼問攻擊式語氣提問」。請練習。

這麼說就OK！

・第一次：正向肯定的語氣提問

「為什麼口紅會斷了？」

（以開朗溫柔或是平淡冷靜的語氣提問。不論孩子怎麼回答，都說：「這樣啊，原來是這樣」，全然接受孩子的回話，並組合藍卡的方法跟孩子溝通。）

・第二次：以逼問攻擊式語氣提問

「為什麼口紅會斷了？」

（以生氣的表情、強勢的語氣責備式地提問）

「藍卡」的提示

練習的感覺如何？可以用不同的語氣提問嗎？雖然提問內容相同，但只要改變語氣，聽者的感受就會截然不同。

這就是「提問．傾聽．思考」的執行難處所在。

如果能以冷靜肯定的語氣提問，後續就可以輕鬆地組合藍卡的方法，與孩子溝通，教導的成功率也會提升，父母也會覺得輕鬆。教育功效也會因此提升。

相反地，如果父母帶著負面情緒提問，就會變成紅卡的「逼問式攻擊」。「逼問式攻擊」雖然也是一種提問的方式，但背後真實的意涵是責備，不管孩子有沒有回答問題，父母都會罵他。

「逼問式攻擊」除了直接以質問語氣問：「口紅為什麼斷了？」還有以下的各種形式。

・詞意不明的感覺　→　「你知道媽媽想說什麼吧！」

・厭惡的語氣　→　「口紅斷了，媽媽就沒口紅可用，這樣你也沒關係嗎？」

・威嚇的語氣　→　「弄壞別人東西的小孩，我不用買生日禮物給他了啦！」

好可怕啊！人在怒氣沖天的時候，這些話就會脫口而出。

就算只用到一張卡，如果能從紅卡逆轉為藍卡，情況就會有所改善，即使不好聽的話已說出口，不要在意，還是要繼續練習如何逆轉。

由此可知，父母在處理孩子的問題行為，問他為何這麼做的時候，「提問・傾聽・思考」與「逼問式攻擊」兩種形式之間的差異只是在一線之間。

因此，在你使用「提問・傾聽・思考」這個方法時，**請試著問自己：「現在的我能用藍卡的方法跟孩子溝通嗎？」**

如果覺得負面情緒跑在前面的話，當下就要果斷放棄採用「提問・傾聽・思考」的方法。

與其勉強用了「提問・傾聽・思考」這張卡，最後卻亮出紅卡，讓親子都不開心，倒不如等冷靜以後，再使用「提問・傾聽・思考」這張卡會讓溝通更順利，輕鬆達到效果。

在附錄的「零吼罵育兒八策卡」中，「提問・傾聽・思考」應該是藍卡，會以黃卡形式顯現。這就像交通號誌，這張卡是介於綠燈和紅燈之間，當你在使用時要謹慎使用，所以才標示為黃卡。

總之，使用「提問・傾聽・思考」卡時，必須謹慎小心。不過，等你上手後，所造成的效果會相當驚人。

這種情況下該說什麼？23

車子移動時，想喝柳橙汁要小心

車子在移動時，坐在後座的太郎喝完了一瓶鋁箔包的柳橙汁。到了目的地，媽媽從駕駛座轉頭看了看太郎，他的T恤沾滿了柳橙汁。

練習 23－1

為了以藍卡溝通，請用正向肯定的語氣問孩子發生什麼事了。

這麼說就OK！

「果汁溢出來了嗎？」
「T恤怎麼沾滿了果汁液呢？」

※建議不管孩子怎麼回答，你都是以**「這樣啊，原來是這樣啊！」**回應，請以這個條件為前提，再向孩子提問。

練習23－2

媽媽問太郎：「是果汁溢出來嗎？」太郎回答：「因為用手緊壓瓶身，可以不用吸管，就能喝到果汁。當我緊壓瓶身想喝的時候，果汁就溢出來了。」

那麼，請依照以下的步驟跟孩子溝通。

〔展現同理心（複誦）〕↓
〔替代行為〕↓
〔一起做做看〕↓

這麼說就OK！

〔展現同理心（複誦）〕啊，因為緊壓瓶身就溢出來了。〔替代行為〕緊壓瓶身喝果汁，很容易會溢出來，要用吸管喝。〔一起做做看〕那麼，我們現在練習用吸管喝果汁，對，就是這樣。

像這樣在使用「提問．傾聽．思考」這張卡時，先從「(1)確認狀況」開始的話，後續就可以順利地使用其他藍卡來因應。

接下來說明②「**確認理解度**」。

在責備孩子時，希望先根據以下重點來確認孩子的理解程度。

- 剛剛為什麼被罵？
- 為什麼你的行為不對？
- 為什麼照媽媽說的做比較好？
- 記得上次被糾正的事嗎？

上述問題孩子都可以馬上回答，所以請安心繼續溝通。不過，如果孩子回答不了，你必須降低要求標準，或者修正說明的方式，並改變應對方式，所以，確認孩子的理解程度是非常重要的環節。

那麼，請試著使用「提問．傾聽．思考」卡，直接確認孩子的理解程度。

這種情況下該說什麼？24

又邊轉購物袋邊走回家！

媽媽和太郎到附近便利商便買炸薯條。在走路回家途中，太郎很開心，便開始轉動裝了炸薯條的購物袋，媽媽當場制止。

媽媽注意到太郎出現跟昨天相同的行為，昨天也跟太郎去便利商店購物，回家途中他也轉動購物袋，於是媽媽叫太郎用手提袋子，不要轉動袋子，還告訴他不可以轉動購物袋的理由。現在，

請確認太郎是否聽懂媽媽的話。

練習24-1

首先，請先問太郎是否記得昨天媽媽糾正他的事。

這麼說就OK！

「太郎，你昨天從便利商店回家時，也轉動購物袋，媽媽有糾正你，你還記得嗎？」

「藍卡」的提示

請注意，不要演變成紅卡的「逼問式攻擊」。因為是以正面肯定的語氣詢問，對於太郎的回答，要這樣接話：**「啊，原來是這樣啊。OK。那麼……」**才能讓對話繼續。

假設就算太郎回答：「我完全不記得了」還是要用以下的流程回應：「啊，這樣啊。好，那麼，媽媽再跟你說明一次，我們就先練習一下。」營造可以繼續使用藍卡來應對的情境。

練習 24－2

太郎回答：「我記得有被媽媽糾正。」那麼，請再問太郎昨天媽媽說過，希望他用哪種方式拿購物袋。

一直使用藍卡喔。請以正面肯定的語氣詢問。

這麼說就OK!

「媽媽昨天說過，希望你怎樣拿購物袋呢?」

「藍卡」的提示

如果太郎回答：「為了不要搖晃到袋子裡面的東西，要這樣提著袋子。」的話，媽媽只要說：**「沒錯！正確答案！那麼，你就不要搖晃袋子，像這樣提著袋子回家，加油！」**就可，不必再從頭教一次。

因為紅卡總是會跑在前面亮相，像這個練習例子太郎回答：「我記得有被媽媽糾正。」媽媽聽了也有可能會生氣地說：「既然記得，那就要做對啊！不要每次都讓我說相同的話！」

可是，各位不用擔心會變成這樣。因為到目前為止讓各位做了許多練習，應該能充滿自信立即轉換成藍卡。

練習24-3

太郎終於理解昨天媽媽為何要糾正他。因此，媽媽想更進一步，請向太郎提問，詢問他不能轉動購物袋的理由。

那麼，請試著以正面肯定的語氣提問。

這麼說就OK！

「太郎，為什麼不能轉動購物袋呢？」

「藍卡」的提示

如果太郎能回答：「轉動袋子的話，裡面的薯條會跑出來，還會打到旁邊的人」的話，父母就可以這樣判斷：「他好像聽懂我的話。與其再一次說明，為了讓他多多表現期待行為，我要稱讚他一下。」

那麼，練習最後的③方法。

「提問‧傾聽‧思考」卡推薦的第三個方法就是③「**行為檢討**」。

請先練習，實際體驗看看。

這種情況下該說什麼？25

洗完澡總愛打開冰箱乘涼

太郎洗完澡後，邊喊著「好熱」，衣服也沒穿，就打開冰箱乘涼。

媽媽跟他說：「這麼做很浪費電，不要再利用冰箱乘涼。」然後，媽媽想教導太郎替代行為，因為太郎長大了，媽媽覺得他理解能力應該也有成長，打算提問讓他思考：「洗完澡後想乘涼的話，應該怎麼做比較好？」

那麼，請用「提問・傾聽・思考」卡與孩子溝通！

這麼說就OK!

「太郎，如果不能用冰箱乘涼，你會怎麼做呢？」

「涼快的方法很多，太郎會怎麼做，讓自己變涼快呢？」

「藍卡」的提示

於是，太郎開始思考有哪些方法能讓自己變涼快，如果太郎回答：「吹電風扇」、「拿扇子搧」、「赤裸躺在地板上」的話，媽媽要鼓勵他實際做做看，對他說：**「很棒！那麼，現在就做做看。」**（不過，赤裸躺在地板上的方法，要看家裡的環境是否許可……）

換句話説，「③行為檢討」**就是要問孩子：「以後，你應該怎麼做才好呢？」，讓他思考。**

「丟出問題．讓孩子思考」的奇妙功效

「②確認理解度」與「③行為檢討」的過程，**孩子要回答父母提出的問題，透過這樣的問答可以促進孩子理解能力的成長，強化孩子的主體性。**這是非常重要的。

想改善孩子的問題行為，若能借助孩子自己的能力去改善，遠比父母在一旁協助更能輕鬆達到目的。

父母：「剛剛的行為，錯在哪裡呢？」

孩子：「這麼做是不對的吧！」

或者，

父母：「以後該怎麼做才好呢？」

孩子：「嗯，要這樣做才對。」

透過上述的對話，孩子會自己思考，在大腦裡整理思緒，然後把自己的想法說出口，有了這樣的過程，會讓孩子留下記憶，加深其理解力，強化其主體性。

在育兒講座或育兒網站，還有商業管理範疇或心理輔導研修課程常介紹這樣的提問術，專家也說：「優質提問可以強化對方的理解力與決定力。」所以親子溝通在提問時，當然要採用有效的方法。

當你「提問．傾聽．思考」的溝通方式用得很順手後，**你不需要再去想「替代行為」，也不用跟孩子說明，就讓孩子自己去思考「該怎麼做才好？」**

如果強化孩子主體性的附加效果也達成了，身為父母的你一定樂呵呵。

小心！真的危險！

有件超級重要的注意事項一定要告訴大家。「提問・傾聽・思考」卡要發揮功效的話，有兩件事一定要遵守。**第一件事是提問的內容必須是孩子能夠理解的內容，第二件事是答案必須是孩子能力可及能回答的。**

○錯誤的例子1

父母對著不會道歉的四歲孩子說：「為了你的將來，現在必須培養你的社交能力，你覺得剛剛應該怎麼做比較好？」

↓對話內容太艱難，孩子根本不懂問題的涵意。

○錯誤的例子2

對著不曾摺過衣服的四歲孩子說：「衣服要整齊地放進書包裡，你認為該怎麼做才好？」

↓孩子的答案中並沒有「摺衣服」的選項，所以他根本不會回答。

就算媽媽有提示，讓孩子看了摺好的衣服，或許有的孩子會因此理解，而回答「要把衣服摺好，再放進書包裡」，但有的孩子可能還是難以理解。就連大人也是一樣，未曾經驗過的事不可能會想起來，也不能當成答案回答，一定要先具備相關的知識或經驗，才能成為答案的選項。

如果要讓孩子把不曾做過的事當成答案回答，最安全的作法就是耐心且不斷地給予提示，還要跟孩子一起思考。可是，如果一個不小心，就會變成以下的情況，對孩子提出紅卡「詞意不明」的問題。

父母：「你覺得怎麼做才好呢？」

孩子：「（問我怎麼做，我根本不知道……）」

我給各位的建議是，**如果孩子有不懂的地方，就直接簡潔地告訴他你的期待行為。**這麼做，能讓彼此輕鬆對話。

可是，這就是問題的根源，父母自己也要開始嚐敗仗。當孩子無法回答時，父母怒氣就上來了，於是一直提問相同的事，最後父母被搞到耐性都沒了，這可是常有的事。「提問．傾聽．思考」並不是目的，不過是溝通的手段而已，**如果這個手段起不了作用，孩子都不答話，請趕快轉換方法，直接告訴孩子「替代行為」。**

此外，要父母配合孩子的發育程度，提出孩子能夠理解的問題，其實相當高難度，所以，使用「提問．傾聽．思考」卡時，**要把孩子的年齡想成比實際年齡還小一至兩歲，選擇符合這個年齡智商程度的對話內容，與孩子溝通。**畢竟孩子只是在世間生活才不過數年的雛雞啊！

為什麼我要不厭其煩地一再與各位說明注意事項？因為真的常常會發生以下的情況。

- 父母一心求好，就對孩子提出許多超越其發育程度的高難度問題。
- 孩子不會回答，父母就很生氣，一直問相同的事。
- 壓力到頂點的父母一股腦地用紅卡來與孩子對話&孩子受不了大哭大叫。
- 父母或家人、鄰居來市鎮村政府單位或兒童心理輔導中心諮詢，尋求協助。

所以，「提問．傾聽．思考」是一個高風險、高回報的溝通方法。

不過，只要可以清楚切割「藍卡．紅卡」的情況，巧妙逆轉，就可以迴避風險。各位只要記住一個原則就好——**「覺得此刻能用藍卡溝通，就可以使用『提問．傾聽．思考』這張卡；如果覺得會變成紅卡的溝通模式，那就不要用。」**

還有，為了能將「提問．傾聽．思考」這張卡用得得心應手，練習是最好的方法。

沒錯，就是熟讀這本書，熟練這本書。

此外，就規避風險而言，以直接對等的態度向孩子「提問」，也不失為一個好方法。比如這麼說：**「剛剛媽媽問你的事情，你有聽懂嗎？是不是有聽不懂的地方？」**

當然，這個也是用藍卡在溝通，如果以紅卡的語氣提問，那就破功了。

這種情況下該說什麼？26

把吸塵器當車子騎

太郎在客廳，人坐在吸塵器（圓筒型）的主機上面，玩騎車遊戲。因為太郎太重了，吸塵器的輪胎不會轉，變成吸塵器在地板上面滑磨。

媽媽今天剛好有充裕的時間，雖然心裡嘀咕著：「真拿他沒輒。……」，但可以好好地跟太郎溝通。

練習 26-1

首先以平淡的語氣確認太郎所做的事，太郎回答後，請再複誦一次他的話。

媽媽〔提問・傾聽・思考（確認狀況）〕

↓

太郎：「坐在吸塵器上面，玩騎車遊戲。」

媽媽〔展現同理心（複誦）〕

↓

這麼說就OK！

媽媽〔提問・傾聽・思考（確認狀況）〕

「太郎，你剛剛坐在吸塵器上面玩，做什麼呢？」

太郎：「坐在吸塵器上面，玩騎車遊戲。」

媽媽〔展現同理心（複誦）〕

「這樣啊！在玩騎車遊戲啊！」

練習 26-2

接下來問太郎：「為什麼不能坐在吸塵器上面玩呢？」讓他思考。

媽媽〔提問・傾聽・思考（確認理解度）〕↓

太郎：「因為吸塵器會壞掉？」

媽媽〔稱讚〕↓

這麼說就OK！

媽媽〔提問・傾聽・思考（確認理解度）〕

「不可以坐在吸塵器上面玩，你知道為什麼不可以嗎？」

太郎：「因為吸塵器會壞掉？」

媽媽〔稱讚〕「答對了！你很清楚嘛！吸塵器如果壞了，很傷腦筋的！」

練習 26－3

最後讓太郎思考「正確的吸塵器使用方法」，也請讓太郎練習他所想到的使用方法。

媽媽〔提問．傾聽．思考（行為檢討）〕↓

太郎：「在地板上移動吸塵器，來吸垃圾吧！」

媽媽〔一起做做看〕↓

這麼說就OK！

媽媽〔提問・傾聽・思考（行為檢討）〕

「跟媽媽說，吸塵器的正確使用方法。」

太郎：「在地板上移動，來吸垃圾吧！」

媽媽〔一起做做看〕

「沒錯，就是這樣。那麼，跟媽媽練習看看。雙手抓這裡，按下開關，往前、往後，再往前，往後。這就是吸塵器的正確使用方法。」

這種情況下該說什麼？27

不愛蔬菜的太郎說想吃高麗菜捲，吃的時候卻只吃肉，不吃菜

太郎不太喜歡吃蔬菜，可是有一次剛好看了烹飪節目，對於節目中介紹的高麗菜捲很感興趣，就跟媽媽說：「我想吃這個，請媽媽做給我吃。」

媽媽覺得很難得太郎竟然自己開口要求說要吃蔬菜，為了滿足他的心願，花費許多心思為他做了高麗菜捲。

媽媽自己想到變冷靜的方法
跳舞
扭扭扭
高麗菜！
媽媽！？

結果，太郎只吃掉餡料的肉，剩下外面的高麗菜葉。媽媽看到眼前的景況，啞口無言，不知該說什麼好。

練習27－1

對突如其來的意外感到困惑時，建議選擇「等待」或「冷靜」來因應。

這次是選擇「等待」卡，請先大口深呼吸兩次。

這麼說就OK！

深呼吸－深呼吸

練習27-2

接下來是確認狀況。請問太郎，為何只留下高麗菜，不吃它的理由。

媽媽「提問・傾聽・思考（確認狀況）」↓

太郎：「我不吃軟軟的葉子，我只是想吃漢堡肉。」

媽媽「展現同理心（複誦）」↓

這麼說就OK！

媽媽「提問・傾聽・思考（確認狀況）」

「太郎，為什麼剩下高麗菜不吃呢？」

太郎：「我不吃軟軟的葉子，我只是想吃漢堡肉。」

媽媽「展現同理心（複誦）」

「啊！你只是想吃漢堡肉啊！」

練習 27-3

原來太郎只是想吃燉煮的漢堡肉，對高麗菜一點興趣也沒有。

媽媽雖然不想硬逼孩子吃他討厭的食物，但是，她也不希望孩子有不喜歡的食物不吃就可以的觀念，所以現在很困惑，不曉得該怎麼做才好。

這時候媽媽突然靈光一閃，決定跟太郎一起思考這個問題。

那麼，為了跟太郎一起思考剩下的高麗菜該如何處理，請對太郎提問。

〔提問・傾聽・思考（行為檢討）〕↓

這麼說就OK！

（提問・傾聽・思考（行為檢討））

「太郎，你應該可以試著吃點高麗菜呢？要怎麼做，你才能吃一點點的高麗菜呢？」

「藍卡」的提示

就這個例子而言，在使用「提問・傾聽・思考（行為檢討）」的方法時，**「跟孩子一起思考」也是一個有效的溝通形式。**如果能加以善用，父母的教養壓力會大為減輕。

在使用「告知替代行為」的方法時，許多父母會困擾「該告訴孩子什麼樣的替代行為呢？」，如果你想不出來，不妨跟孩子一起思考，與孩子站在對等的位置進行行為檢討。

重點在於對話。你要尊重孩子的意見，對等地跟孩子對話。

以下是與孩子對等對話，一起思考的例子。

媽媽：「要怎麼做，你才能吃下一點點的高麗菜呢？」
太郎：「嗯……，我跟媽媽一人吃一半？」
媽媽：「哇，你可以吃一半啊！好，那麼，我們就一人吃一半。」
太郎：「加油！」

※如本書卷首所述，每個家庭的家規和價值觀都不同，是否可以剩下高麗菜不吃，或者應該吃多少才可以？視每個家庭的觀念而定。如果再追究這個問題，就會變成有點艱澀的教養討論話題，所以不再贅述。因為本書的宗旨是要讓大家輕鬆練習教養術。

跟孩子一起思考的方法，做起來簡單，效果也很棒。不過，如果硬逼孩子去思考，反而會演變成紅卡的溝通形式，所以請小心使用。

如果提問變成誘導性提問或強行灌注父母想法的話，就會變成詞意不明的溝通狀況或逼問式攻擊的對話情況。

此外，提問帶著強烈的批判意識，會讓孩子感到困惑，所以要如前述所提，**配合孩子的發育程度，提出適合其智商的問題。**

總之，雖然藍卡與紅卡的界線只是一線之隔，如果操作得當，藍卡的「提問・傾聽・思考」練習會很有成效。

而且，「提問・傾聽・思考」的溝通模式泛用性高，許多場合都適用，當你直覺該用這個方法時，請大膽地用吧！

第3章

快樂的綜合練習！

1

逆轉！使用藍卡因應問題

終於八張藍卡都說明過了，也練習過了。接下來就要真正的綜合練習了！

本書宗旨是要提升「在被孩子的問題行為氣炸，很想大聲罵人的時候，能夠馬上逆轉情緒，與孩子正向溝通」之成功率，因此接下來就要進入高難度的綜合練習了。

若以體育社團來比喻，綜合練習就好比將時間區分成好幾節課，以比賽的方式進行實際的練習。練習量有點多，各位可能會覺得有點不耐煩。

「成功逆轉」的定義就是，在被孩子的問題行為氣到血壓飆高、想罵人的時候，**仍能繼續使用藍卡進行正向溝通，最後能以淡定的態度教導孩子，稱讚孩子，完成正向教養的程序。**

那麼，請自由組合藍卡，開始實際的練習。

書中所舉例子的情況都設定為媽媽都被氣得快要發飆罵人了，但馬上使用逆轉卡來練習，在快要爆發前成功逆轉情緒。

我沒有硬性規定要選擇哪張藍卡，也沒有指定使用順序，請大家以自己的想法來使用與組合藍卡，跟孩子溝通。

書中例子的情況，乃是我的親身經歷和參加講座的媽媽學員們的例子，請務必參考。這些例子只是提供參考而已，並沒有正確的答案。

就算你遇到的情況跟所舉例子不一樣，也不用擔心。**重點在於要用你自己的想法組合藍卡，與孩子溝通。**

那麼，請把「零吼罵育兒八策卡」放在旁邊。

那麼，開始練習了！請一樣要出聲練習。

練習時間！

這種情況下該說什麼？28

騎腳踏車出門，回到家卻不把腳踏車停進車庫，而是隨意停在門口

太郎到附近公園或超市時，一定要騎著他心愛的腳踏車出門。可是，回到家時，不曉得為什麼都不把腳踏車停在車庫，總是隨意擺放在玄關的角落。

每次都是媽媽幫他把腳踏車停好，並提醒他以後要把車子停好再進門。

練習 28－1

今天太郎也騎車去公園，到家的時候跟往常一樣，隨手把腳踏車停在玄關角落，就走進家裡。

這次請語氣輕柔地提醒太郎。

這麼說就OK！之一

〔替代行為〕太郎，腳踏車要停回原處！

〔一起做做看〕好，我們一起來把腳踏車停好。

〔稱讚〕嗯，你做得很好。

這麼說就OK！之二

【情境製造】（叫住太郎，蹲下來，與他四目交接）
【提問・傾聽・思考】太郎，腳踏車要停在哪裡呢？
【稱讚】對、對，停進車庫，你知道嘛！
【等待】（等太郎自己把腳踏車停好）
【稱讚】你很棒，自己主動把腳踏車停好。

練習28－2

隔天太郎也騎腳踏車去公園玩，回到家的時候，太郎他……，還是隨手把腳踏車停在玄關門前。每次都要媽媽提醒同樣的事，媽媽的怒氣已經累積到最高點了。

首先來個快樂的紅卡時間。請使用大家會用得很順的紅卡，怒氣沖沖地跟太郎對話。

這麼說就OK!

「你搞什麼?怎麼都說不聽。每次都要我說同樣的話?我要把你的腳踏車丟掉!你不想要腳踏車吧!如果你不珍惜它,就把它丟掉!現在才哭著認錯,已經太遲了!」

是不是很不可思議?一說用紅卡,想都不想就可以迸出這麼多話。

練習 28-3

情況設定跟「練習28-2」一樣,媽媽已經怒髮衝冠,但請努力忍住怒氣,使用藍卡跟孩子溝通。

這麼說就OK！之一

【冷靜】等太郎一下，忍住不要發飆，深呼吸、深呼吸。

【情境製造】（蹲下來，與太郎四目交接）

【替代行為】腳踏車要停在車庫裡。

【提問・傾聽・思考】以後，太郎要怎麼做才對？

【稱讚】對，就是這樣。要把腳踏車停回原處。

【一起做做看】那麼，我們把腳踏車牽到車庫。

【稱讚】好，做得好。你會自己把腳踏車停到車庫了。

這麼說就OK！之二

【提問・傾聽・思考】太郎，你想停了腳踏車，就趕快進屋裡，你那麼急，是想做什麼呢？

【展現同理心】啊，你想趕快玩之前買的那個玩具啊？原來是這樣。

【提問・傾聽・思考】昨天媽媽跟你說：「腳踏車要停在車庫」，你還記得嗎？

【展現同理心】這樣啊，你有記得，但因為很想玩玩具，所以就隨便停了。

【替代行為】那麼，今天也把腳踏車停好，再進屋裡。

【一起做做看】好，我們把車停好。

【稱讚】嗯，很好。

雖然怒氣已達頂點，最後能夠以稱讚結束對話的話，真的是逆轉大成功。如果十次裡有一次是這樣的結果，真的要為你喊萬萬歲。

練習 28－4

第三天，太郎一樣要去公園玩，這時他正好從玄關走到外面。媽媽突然想到：「今天他該不會又亂停腳踏車被罵吧？」於是，媽媽打算打預防針，來個事前防範。

趁太郎正要外出的這個時間點，請告訴太郎回到家後，要如何處理腳踏車。

這麼說就OK！之一

【替代行為】太郎，等一下回到家，要把腳踏車停進車庫裡。

這麼說就OK！之三

【情境製造】太郎。（與太郎四目交接）
【替代行為】等一下回到家，要把腳踏車停進車庫裡。
【一起做做看】那麼，我們先一起練習看看。
【稱讚】很好，就是這樣。

雖然本書的主題是「逆轉」，但是**沒有比在問題發生前就防範來得好**。因為預防勝於治療。

練習28－5

這是「練習28－4」的尾篇，太郎回到家時，自己把腳踏車停在車庫。

為了讓太郎以後能繼續這個行為，請好好稱讚他。

這麼說就OK！之一

［稱讚］太郎，做得好，會把腳踏車停回車庫，好棒。（與太郎擊掌）

這麼說就OK！之二

［情境製造］太郎！（蹲下來，與太郎四目交接）

［稱讚］你會把腳踏車停回車庫呢！

［提問・傾聽・思考］你認為什麼時候要把腳踏車停回車庫呢？

［稱讚］沒錯，從公園回來的時候，就要把腳踏車停好。你有記住媽媽說的話嘛！

「藍卡」的提示

各位可以參考「這麼說就OK！之二」，為了提升稱讚的效果，採取組合藍卡的方式與孩子溝通。在教導孩子時，用稱讚的語氣跟孩子溝通會比用糾正的語氣溝通，孩子更能聽進去父母的話，所以**當你「希望孩子持續這個好行為」的話，更要組合藍卡與孩子溝通。**

此外，前面也有提到，本書認為**父母不需要反省。**常看見講座學員或讀者的感想文是這麼寫的：「我要好好反省，以前對待孩子的溝通方式實在太糟糕了。」父母在教導孩子時，常會顯得手足無措，無法可施，錯不在父母身上。

如果硬要找出原因的話，就是從二〇〇〇年開始，整個社會及法律認為要把以前的「體罰教育」轉型為「稱讚的愛的教育」，雖然對於教養工作的要求水準提高了，但是能提供給父母適合的具體因應措施遠遠不足。

因此，**對孩子的教養工作不順利，到處碰壁時，就把原因歸咎於這個社會，不必一味自責。**

有件事更值得思考，就是各位都買了這本書，到目前為止也不厭其煩地做了許多練習。

我常在想：「是什麼樣的動力，讓各位乖乖地做了這麼多的練習？」我想給各位鼓掌打氣。

想通了嗎？就算平時跟孩子的溝通不順利，也不需要自責、反省。

反過來說，如果你能使用藍卡與孩子溝通，就算只是用一張藍卡，請你挺起胸膛對自己說：「我也可以好好教導自己的孩子。」

這種情況下該說什麼？29

說好去公園玩，開車到了公園入口，卻說想去游泳

今天是假日。媽媽問太郎，要去有運動設施的大公園玩，還是要去室內游泳池游泳，結果太郎選擇公園，所以就開車載太郎去公園。

可是，當車子停進停車場，準備要關引擎時，太郎突然說：「我比較想去游泳。」

因為沒有帶泳褲、泳帽等物品出門，不可能馬上轉換路程去室內游泳池。媽媽

也告訴太郎這件事，太郎卻責備媽媽：「媽媽好壞！如果你有帶泳褲來就好了！」

媽媽也很生氣，正想要用紅卡來指責太郎時，想到今天是難得的假日，應該要開心度過，所以決定用藍卡跟太郎溝通。

那麼，請看看身邊的「零吼罵育兒八策卡」，想想你要如何組合藍卡，跟孩子溝通。

這麼說就OK！之一

【冷靜】深呼吸、深呼吸

（從後視鏡觀察太郎，確認他現在是否眉頭緊蹙）

【情境製造】（走到後座，坐在太郎旁邊）

【展現同理心】媽媽知道你也想去游泳，去游泳也不錯。

【替代行為】今天都來公園了，趕快去玩運動設施吧！

【提問・傾聽・思考】那麼，我們下車吧！你可以自己下車吧？要媽媽揹你下車嗎？好，媽媽揹你。

【替代行為】那麼，媽媽揹你下車，接下來你要自己走進去公園。

【一起做做看】好，媽媽揹你，下車，我們一起走進去吧！

這麼說就OK！

【等待】（先保持沉默，不要對太郎的話馬上做出反應）

（怎麼做才好呢！該怎麼說才好呢！）」

【情境製造】（轉頭過去，看著太郎，與他四目交接）

【替代行為】來，太郎，你說「想去公園玩」，那麼，解下安全帶。

【等待】（等太郎解下安全帶，大概等一分鐘）

↓太郎一臉不甘願地解開安全帶

【稱讚】哇，好棒，你會自己解開安全帶。

【替代行為】先去玩拉繩吧！

【一起做做看】好，我們去玩吧！

「藍卡」的提示

這個例子可以說是非常成功的逆轉例子，眼看媽媽氣得要用紅卡責備太郎，但她知道要冷靜、等待，所以才能從紅卡逆轉為藍卡，並組合藍卡的方法，對孩子進行正向教養，最後還跟孩子一起做了替代行為。

例子中的媽媽是很平靜地應對情況，可是，如果沒有冷靜，就會生氣地掉頭把車開回家，然而媽媽想到要用藍卡來逆轉情緒，最後是母子兩人開心地在公園玩耍，這兩種結果真的差異很大。萬一決定回家，媽媽承受的傷害絕對比孩子多。

如果不能像例子中的媽媽很順暢地使用藍卡溝通，也沒有關係。不用要求自己要來個完美的溝通。**只要以你認為最容易做到的方式，使用藍卡溝通就可以。**

這種情況下該說什麼？30

竟然把媽媽剛買的昂貴護髮乳塗滿全身！

媽媽今天去髮廊染髮，很開心就買了設計師推薦的護髮乳（花了3700日圓！）。

太郎好像對潤絲精或護髮乳很感興趣，怕太郎拿去玩，媽媽告訴太郎：「這是媽媽很寶貝的護髮乳，太郎不能用喔！」太郎回答媽媽說：「好，我知道。」

然後，到了當天晚上的沐浴時光，真的出事了。

媽媽洗好頭，看了一眼在旁邊的太郎，發現他好像從頭到腳全身塗滿了乳霜，兩隻手的手掌上還有兩坨乳霜。

真的很遺憾，掉在太郎腳旁的那瓶乳霜正是媽媽今天買的高價護髮乳。

媽媽看來要發飆了，可是想到如果在浴室大吼罵小孩，會被鄰居聽到，所以忍住沒發飆，在緊要關頭時，告訴自己要冷靜。

那麼，請用藍卡跟孩子溝通。

這麼說就OK！之1

〔冷靜〕深呼吸、深呼吸

〔替代行為〕太郎，用水把護髮乳沖掉（用蓮蓬頭沖掉）。

〔等待〕（先不要說話。1、2、3、4、5）

〔情境製造〕太郎，看媽媽的臉。

〔提問‧傾聽‧思考〕你用了這瓶護髮乳嗎？

太郎：「是，我想抹看看，所以就自己打開用了，對不起。」

〔稱讚〕嗯，你會認錯說對不起，很棒。

〔展現同理心〕媽媽懂，你想用看看嘛！

〔提問‧傾聽‧思考〕太郎，你的洗髮精是哪一瓶？

太郎：「這瓶。」（手指著平常用的洗髮精）

〔提問‧傾聽‧思考〕沒錯，是那一瓶。那麼，洗澡的肥皂是哪個？

太郎：「這個。」（指著平常用的肥皂）

〔提問‧傾聽‧思考〕那麼，太郎需要用到媽媽的護髮乳嗎？

太郎：「不用。」

〔稱讚〕好，你很清楚哪些是你可以用的。那麼，把身體洗乾淨吧！

這麼說就OK！之二

［等待］（先保持沉默，不發言）
（我該怎麼做才好呢？先幫他洗澡吧！洗好讓自己冷靜以後，再跟太郎溝通。）
［替代行為］太郎，把護髮乳沖掉。
（希望不要再有其他問題發生……）

這麼說就OK！之二續篇

洗好澡，穿上睡衣，牙也刷好了的時候。
［情境製造］太郎，過來這裡坐著（一起坐在沙發上）。
［替代行為］太郎，剛剛洗澡時，你用你專用的洗髮精和肥皂洗頭和洗澡。今天媽媽買的那瓶護髮乳是為了保護媽媽的頭髮不再受傷害而買的，對媽媽來說是很寶貝的東西。

〔提問・傾聽・思考〕太郎，你知道你不可以用那瓶護髮乳嗎？
太郎：「嗯……」
〔展現同理心〕你本來就知道吧，對不對？
〔提問・傾聽・思考〕你知道為什麼你不能用那瓶護髮乳嗎？
太郎：「因為那是媽媽很寶貝的東西。」
〔稱讚〕沒錯，你很清楚地知道為什麼不能用嘛！
〔展現同理心〕可是，就是很想用用看。
〔替代行為〕是不是……。這樣好了，如果你想用媽媽的護髮乳，就跟媽媽說，媽媽會讓你用一點點看看。

「藍卡」的提示

寶貝的護髮乳被孩子拿去亂用，真的會心疼，也一定很生氣，可是，希望太郎做到的替代行為只是「你用你專用的洗髮精和肥皂。如果想用媽媽的護髮乳，要跟媽媽說」，你可能會覺得這樣的內容太一般了。

不過，要親子雙方都能沉穩地做到這樣，其實很難。

就算氣到最高點，就要破口大罵，卻使用藍卡來擺脫眼前的困境，而能心平氣和跟孩子溝通，並教導他，這就是所謂的逆轉。看似簡單，其實做起來很難。

此外，關於逆轉的方法，如「這麼說就OK之二」的內容，**可分為「收拾殘局」與「先冷靜再教導」兩種情況來選擇方法。**

當孩子出現問題行為責罵時，父母與孩子都是處在負面情緒下，父母大聲吼罵，孩子則被強迫反省、道歉、負起責任等等，父母在氣頭上，會一股腦就把該說和不該說的都說了，雖然表面看起來好像問題解決了。但是，這樣的做法要想達到正向教養的效果很難，而且孩子從父母那兒接收到的訊息量太多，最後很可能只記得自己被狠狠罵了而已，根本不記得父母糾正他的事或教導他的正確行為。

當你準備要破口大罵孩子的時候，還是要謹慎選擇你的溝通方法。選擇可以讓孩子聽懂的說話方式，簡短不要囉嗦，父母也能輕鬆地與跟孩子溝通。所以，**使用「等待卡」或「冷靜卡」，在緊要關頭踩煞車是非常重要的。**

這種情況下該說什麼？31

遙控器跑哪去了？

某個酷熱的夏日，客廳的冷氣機遙控器不見了。媽媽在沒開冷氣的屋裡，大汗淋漓地找尋遙控器的蹤影，卻始終找不著。

媽媽也有問太郎，但太郎回說「不知道」。因為一直沒找到，媽媽只好放棄再找，直接網購新的遙控器。

媽媽，是不是可以這麼想？
「就當作又多了一個便利的工具」
沒錯，但不應該是由你說出口

當天晚上，媽媽在太郎房間要幫他鋪棉被，在收拾玩具的時候，竟然發現遙控器被丟在玩具箱裡。

看情況就知道，應該是太郎把遙控器拿到他的房間玩，然後他也忘了這件事。

媽媽想起白天滿頭大汗找遙控器，加上一整天都沒冷氣可吹，心中怒火一股腦飆上來！大叫：「太郎！你給我過來！快一點！」

可是，當媽媽看到一臉驚嚇、全身發抖的太郎，她踩了煞車。太郎好像知道會因遙控器的事被罵。

現在正是逆轉的時機。那麼，請用藍卡跟太郎溝通。

這麼說就OK！之一

【情境製造】太郎，媽媽有話跟你說。（一起坐在地板上）

【提問・傾聽・思考】這支遙控棒在你的玩具箱裡，太郎，你是不是知道什麼事？

【等待】（不說話，等待太郎開口）

太郎：「我可能拿遙控器來玩，然後就把它放進玩具箱裡……」

【替代行為】這樣啊？好，媽媽知道了。那麼，我們把遙控器收好吧！

【一起做做看】（一起將遙控器放回原處）

太郎：「……媽媽，對不起。」

【稱讚】嗯，你很棒，會主動說對不起。

【替代行為】這支遙控器要放在客廳，它是用來開關冷氣用的。好，很晚了，快睡吧！

這麼說就OK！之二

〔冷靜〕深呼吸、深呼吸、深呼吸

〔提問・傾聽・思考〕你看到媽媽在找遙控器的時候，你是不是突然就知道遙控器在哪裡？

太郎：「嗯……」

〔提問・傾聽・思考〕是這樣沒錯吧？你看媽媽好像會罵人，才會回說「不知道」吧？

太郎：「嗯……」

〔展現同理心〕原來是這樣。好，媽媽知道了。

〔替代行為〕那麼，遙控器的事就到此為止，就算會被罵，知道自己做錯事，還是要誠實地告訴媽媽。媽媽也會努力克制，不要發脾氣罵人。

〔一起做做看〕接下來媽媽有問題要問你，你要誠實回答。雖然遙控器一直找不到，但是你好像知道什麼？

太郎：「因為我把遙控器帶進去我的房間玩。」

〔稱讚〕好，媽媽知道了。你能誠實地說出來，很棒。

這種情況下該說什麼？32

喜歡亂按下車鈴的太郎

昨天媽媽跟太郎搭公車的時候，太郎亂按下車鈴，害得司機在沒有人下車的站牌前停車。媽媽趕緊向司機道歉，也糾正了太郎。

今天也搭乘同一輛公車。太郎雖然知道不可以亂按下車鈴，但他就是想跟媽媽惡作劇，於是假裝要按鈴的樣子，每當他手要伸出去按鈴時，媽媽就馬上制止。

就在好幾次惡作劇般地要按鈴的時候，有一次真的讓他按到了。媽媽趕忙跟司機先生說：「對不起，按錯了。」然後看著太郎的眼睛，用眼神告訴他：「給我乖乖坐好。」

幾分鐘後，公車抵達目的地，媽媽和太郎就下車。這時候媽媽有話要跟太郎說。

那麼，開始練習吧！

媽媽和太郎彼此都走錯一步路的話，紅卡就會一直出現，在快要劍拔弩張之前，請趕快逆轉思緒，使用藍卡與孩子溝通。

這麼說就OK！之一

〔冷靜〕深呼吸、深呼吸

〔替代行為〕太郎，不要亂按下車鈴，只有媽媽說「可以按」的時候，才可以按。

太郎：「……」（↑不曉得為什麼沒有馬上回答）

〔等待〕（等他一下，不要讓紅卡的情況發生）

〔展現同理心〕媽媽知道你不是故意按的。你只是假裝要按，結果就真的按了。

太郎：「是的。」

〔替代行為〕那麼，只有在媽媽說「可以按」的時候，你才能去碰下車鈴。

太郎：「好，我知道。」

〔稱讚〕謝謝你，聽懂媽媽的話。

這麼說就OK！之二

［冷靜］深呼吸、深呼吸、深呼吸

［情境製造］太郎，媽媽要跟你說搭公車時，按錯下車鈴的事。

太郎：「對不起。」

［提問．傾聽．思考］叫你不要亂按，但你都按了，就算了。不過，媽媽希望你以後搭公車時，不要再亂按下車鈴，你覺得該怎麼做才好？

太郎：「不可玩下車鈴。」

［稱讚］很好，這件事很重要，要記住。

［提問．傾聽．思考］那麼，為了不會亂按下車鈴，搭公車時你的手應該擺在哪裡呢？

太郎：「嗯，放在膝蓋上面。」

［稱讚］很好。

［一起做做看］那麼，你坐在那個板凳上，假裝現在在搭公車。好，把雙手放在膝蓋上面。對，就是這樣，再做一次就好，把雙手放在膝蓋上面。

［稱讚］很好，這就是正確的搭公車姿勢。

這就是逆轉練習。

各位實際練習過，感想如何？有順利迴避對孩子發飆的慘況嗎？

接下來有成功逆轉，使用藍卡對孩子進行正向教養嗎？

沒成功也沒關係。儘管你覺得「有點難度」，但是**透過練習，身體應該會記住當時的感覺，也就是說，你已經透過本書的練習，提升逆轉教養的成功率。**

至少比閱讀本書之前，你的溝通教養技巧更進步了。

2

大逆轉！從紅卡換成藍卡

終於要大展身手了。這是高級篇的「大逆轉」練習。

前面的綜合練習1是「從快要發飆吼罵的狀況逆轉」的練習。這次則是要挑戰**「已經發飆吼罵後的大逆轉」**。

面對棘手狀況時，父母無法把持住怒氣，忍不住用了紅卡跟孩子溝通，可是，最後還是能夠繞回來，換成藍卡與孩子應對。那麼，現在就開始大逆轉練習了。

練習時間！

這種情況下該說什麼？33

洗完澡全身赤裸掛在門把上（第三次）

相同的事件第三次登場。現在你已經做過逆轉卡的練習，這道難題應該可以輕鬆應對！

每次洗完澡，媽媽要幫太郎擦身體時，他就跑掉，就算媽媽生氣地糾正他，他還是笑著跑開，還一絲不掛地把自己吊在門把上。然後就聽見門把發出喀吱的聲音，門把歪掉了。

媽媽走在濕濕的地板上，朝太郎走去，忍不住用了好幾張紅卡跟太郎對話。後來，媽媽察覺到自己「啊，我怎麼用了會讓自己後悔的方式跟孩子溝通？」趕緊轉換成藍卡應對。

那麼，請依「①忍不住用了紅卡↓②切換到藍卡」的順序來應對。

①忍不住用了紅卡

②切換到藍卡

這麼說就OK！

①忍不住用了紅卡

你在做什麼！喂！我平常不是告訴你，不要做不該是你做的事嗎！

②切換到藍卡

[冷靜]深呼吸、深呼吸

（門把壞掉的事就交給爸爸處理，我不要再去想這個問題……）
【情境製造】（蹲下來，與太郎四目交接）
【替代行為】回來浴室。
【等待】（等待太郎邁出步伐，走回浴室）
【替代行為】（回到浴室後）現在回到泡完澡，從浴缸走出來的時候，停下腳步、擦身體、穿褲子，好可以出去了。
【一起做做看】來，從浴缸出來，停下腳步、擦身體、穿褲子。
【稱讚】嗯，很好。可以準備睡覺了。

「藍卡」的提示

請問各位，成功大逆轉了嗎？
如果要你用紅卡來溝通，應該就會像平常那樣滔滔不絕說出一串話吧？
還有，第一張藍卡你選擇哪一張？你有「冷靜」了嗎？還是選擇了「等待」？

雖說是「大逆轉」，但是你做的事與之前的練習並沒有太大的改變。

重點在於，就算氣到吼罵了小孩，在覺得好像可以扭轉情況的時候，果斷使用逆轉卡，轉換為藍卡溝通術。

透過轉換為藍卡，你可以跟孩子一起練習做做看，可以稱讚孩子，進行正向教養的話，就是大逆轉。

你或許會說，被孩子氣到用了紅卡，突然切換為藍卡，這樣不是很奇怪嗎？從客觀角度來看，也許是有點不自然。

可是，與其用遍每張紅卡把孩子罵哭，自己也陷入後悔、討厭自己的深淵裡，如果當下馬上轉換為藍卡，就算只是用一張藍卡，但因為是以肯定語氣跟孩子溝通，進行正向教養，就可以大大逆轉局面，讓親子雙方都得利。

所以，**如何從紅卡逆轉為藍卡的練習真的非常非常地重要。**

這種情況下該說什麼？34

把烏龍麵湯汁灑在媽媽的衣服上

今天媽媽和太郎去烏龍麵店用餐。太郎很開心，在用餐時也在模仿戰隊英雄的變身姿勢，結果手打到麵碗，濺了一些湯汁在桌上。

媽媽雖然生氣，但還是忍著沒發飆，以冷靜的語氣糾正太郎，並遞給他濕紙巾，告訴他「自己擦一擦」。

可是，太郎卻仍繼續模仿戰隊英雄的姿勢，邊說著：「英雄發動攻擊，

咻！」一邊大動作地擦桌子，結果烏龍麵湯汁就噴到媽媽的衣服。

媽媽的內心其實已經怒火到最高點。但因為是在公眾場合，儘管壓低聲音指正，但還是對太郎用了①紅卡。不過中途媽媽有察覺到「糟糕，處理不當」，趕快轉換到②藍卡。那麼，請照前述與孩子應對。

①忍不住用了紅卡

②切換到藍卡

這麼說就OK！

①忍不住用了紅卡

你給我安份一點！湯汁都噴出來了！你在搞什麼？喂，你看，都沾到衣服了！你真的很糟糕！

② 切換到藍卡

[冷靜]深呼吸、深呼吸
[冷靜](再一次)深呼吸、深呼吸
[等待](首先我要怎麼做才好……,叫店員過來,讓自己冷靜一下)
↓呼叫店員,請店員擦桌子,再拿新的濕紙巾過來,擦衣服。
[情境製造]太郎。(與太郎四目交接)
[提問・傾聽・思考]你知道自己做錯了什麼嗎?
太郎「擦桌子的動作太大,讓湯汁濺起來。」
[稱讚]沒錯,你很清楚知道自己哪裡不對。
[提問・傾聽・思考]那麼,應該怎樣擦桌子才對?
太郎「要輕輕地、慢慢地擦。」
[一起做做看]是的,你說對了。你用這個濕紙巾再擦一次。
[稱讚]很好,擦得很好。

「藍卡」的提示

為什麼要刻意讓各位從忍不住用了紅卡的情況開始練習呢？因為「零吼罵育兒八策」是走現實路線，乃是依照會發生的實際情境，讓各位身歷其境來練習。因為紅卡的情況，早就普遍存在於各位的日常生活中（我家也是一樣的情況），**而把「也會出現紅卡情況」為前提條件，讓大家實際練習**，所以才會把「忍不住用了紅卡」當成練習的起頭。

這麼做的目的並不是要讓大家練習用紅卡，如果忍不住使用紅卡來糾正孩子，也是沒辦法的事，但是只要中途切換逆轉就可。

從紅卡切換為藍卡後的溝通，才是本書的練習主題。

這種情況下該說什麼？35

謎樣的黑色涼拌豆腐

傍晚的時候，媽媽將要做涼拌豆腐的豆腐和裝了醬油的擠壓瓶放在餐桌上，拜託太郎「淋一點醬油在豆腐上面」，然後媽媽再回去廚房端其他的菜。

等媽媽再回到餐桌，太郎正開心地用醬油在豆腐上面畫畫。完成一盤「超級黑色的涼拌豆腐」。

媽媽很生氣，**①用了紅卡**制止太郎

的行為。接下來切換為②藍卡。那麼，請依上述程序與孩子溝通。

①忍不住用了紅卡

②切換到藍卡

這麼說就OK！

①忍不住用了紅卡

不可以那樣淋醬油！你淋太多醬油了！你知不知道啊？

②切換到藍卡

［冷靜］深呼吸、深呼吸

［替代行為］以後啊……淋醬油的時候，只要壓一次醬油瓶就可以。

「藍卡」的提示

站在媽媽立場，此時她的心情非常複雜，既懊悔「當初拜託孩子淋醬油」、「說明不清楚，只跟他說『淋一點點醬油就好』」、「沒有盯著他做」，而看到太郎開心地擠醬油瓶在玩，心裡又很氣。

這次的練習例子配合媽媽這樣的心情，只簡單用了「冷靜」和「替代行為」兩張卡來逆轉局面，你也請做做看吧！

這種情況下該說什麼？36

是媽媽的錯？

媽媽和太郎去超市購物，抵達家門時，媽媽才打開玄關鑰匙，太郎就喊一聲：「我先進去！」把媽媽甩在後面，就走了進去。

那時候，媽媽手上提的購物袋被太郎扯到，掉在地上，裡面的雞蛋破了。

媽媽撿起購物袋，嘆了一口大氣，跟太郎一起走進玄關，將門的兩層鎖「喀嚓、喀嚓」地鎖緊了。

你給我站住！
又來了
今天好像罵得特別大聲！

太郎看到媽媽這樣的舉動，知道大事不妙，趕緊先給自己辯護：「是媽媽把袋子掉在地上的！」媽媽聽了更是火上加油，忍不住說出一堆紅卡的語言。

中途媽媽回過神來，趕緊切換到藍卡。那麼，請依上述跟孩子溝通。

① 忍不住用了紅卡

② 切換到藍卡

這麼說就OK！

① 忍不住用了紅卡

你剛剛說什麼！是我自己把袋子掉在地上的！是不是我弄的，你以為我不知道嗎？

這麼說就OK！

② 切換到藍卡

〔冷靜〕深呼吸、深呼吸

〔情境製造〕（蹲下來，與太郎四目交接）

〔展現同理心〕太郎，媽媽懂你為什麼會說「是媽媽自己弄掉的」這句話的心情。媽媽明白。

〔提問‧傾聽‧思考〕是不是太郎做了什麼事，媽媽手上的袋子才會掉在地上？

〔等待〕（等待太郎回答……）

〔等待〕（再等待……）

太郎：「……因為我搶著要比媽媽先進門」

〔稱讚〕沒錯，就是這樣，你很誠實，很棒。

〔提問‧傾聽‧思考〕你覺得要進門，應該怎麼做才好？

太郎：「要照順序進來。」

〔稱讚〕是的，你完全答對了。

〔一起做做看〕那麼，我們練習一次看看吧？

這種情況下該說什麼？37

明明約定好太郎負責餵魚？

朋友送了小金魚。媽媽一向都不喜歡養寵物，但因為太郎跟媽媽約定他會負責餵魚，所以只好勉強答應。

可是，太郎餵魚三天就覺得膩了。如果媽媽沒叫他，他就不餵魚，有時候就算叫他餵魚，他也無動於衷。每天都上演「太郎、快去餵魚」↓「好，等一下」↓「太郎，現在就去餵魚」的情節，媽媽已經忍無可忍了。

今天媽媽也催促太郎要餵魚，太郎卻以不關他的事的口吻說：「媽媽餵魚，我現在沒空。」

對於這件事，媽媽一直在忍讓，現在看到太郎不負責任的態度，終於引爆導火線，媽媽發飆了，劈里啪啦用了許多紅卡來唸太郎，不過，中途察覺到，趕快切換為藍卡應對。

那麼，請練習。

①忍不住用了紅卡

②切換到藍卡

這麼說就OK！

① 忍不住用了紅卡

你不是說，你會負責餵魚嗎？喂，為什麼說出這麼不負責任的話？你不覺得那些魚很可憐嗎？

② 切換到藍卡

〔冷靜〕深呼吸、深呼吸

〔提問・傾聽・思考〕太郎，你還記得你跟媽媽約定，要餵魚的時候，是由你負責的嗎？

太郎：「不記得！」

〔提問・傾聽・思考〕（啊，我好像沒辦法再跟他說下去了）

那麼，到底是誰負責要餵魚呢？

太郎：「媽媽要餵。」

〔展現同理心（複誦）〕是媽媽要餵嗎？是這樣嗎？

（不行，講不下去了，待會再跟他溝通）

這麼說就OK!

●續篇．當天晚上

〔情境製造〕太郎，過來，坐這裡。

（跟太郎坐在沙發上，四目交接）

〔提問．傾聽．思考〕你記得你有跟媽媽約定，你要負責餵魚嗎？

太郎：「……我、我記得。」

〔展現同理心〕是嗎？太好了，你記得。白天媽媽的語氣不好，讓你不曉得該如何回答才好吧？

太郎：「是的。媽媽好兇，我好怕。」

〔展現同理心〕原來是這樣。對不起，媽媽也會小心說話的語氣。

〔替代行為〕負責餵魚的太郎小弟弟，媽媽跟你說要餵魚，你就要馬上餵喔！

〔一起做做看〕那麼，我們現在做一次看看。太郎，要餵魚喔！

〔稱讚〕很棒，你有照約定，媽媽一說，就馬上去餵魚。

因為用了紅卡，對孩子說了過份的話，要記得跟孩子道歉，這點非常重要。

這種情況下該說什麼？38

露營帳篷的零件散落在客廳裡！

假日時，網購的帳篷到貨了。爸爸跟太郎等不及真的去露營，兩人跟媽媽說：「想在房間搭帳篷。」

媽媽告訴他們：「你們把客廳的玩具收好，用吸塵器清理客廳，再把要洗的衣物整理好，就可以搭帳篷。」然後，媽媽就出門購物了。

到了傍晚，媽媽回到家一看……父子倆沒有收玩具，也沒有打掃，反而多

了很多紙箱和塑膠類垃圾，且散落一地，還有一個搭好的粉紅色大型帳篷。

爸爸和太郎在帳篷裡睡午覺。

媽媽氣炸了，就把兩人叫醒，用紅卡責備他們，不過，中途切換到藍卡。

那麼，請跟父子兩人溝通。

① 忍不住用了紅卡

② 切換到藍卡

這麼說就OK！

① 忍不住用了紅卡

你們知道我為什麼生氣嗎？你們是不想去露營嗎？為什麼不能把玩具收好？不會整理打掃家裡的人，真的去露營的話，會懂得如何收拾東西嗎？

② 切換到藍卡

[冷靜] 深呼吸、深呼吸

[情境製造] 你們過來這裡坐。

（讓他們坐在帳篷裡）

[展現同理心] 我知道你們很想搭帳篷。

[替代行為] 你們兩人現在馬上收拾房間、整理要洗的衣物，最後用吸塵地打掃。先把帳篷收起來。

「藍卡」的提示

做了這麼多的綜合練習，各位辛苦了。

實際練習過後，你的應對技巧應該會比基礎練習階段更純熟，偶爾看到孩子有良好的反應，你的視野會更開闊，心裡會想：「原來就是這樣的感覺！原來會有這樣的效果！」

還有，你也會常常觀察其他父母是怎樣跟他的孩子溝通、應對。也會像老師一樣，在心裡說：「啊，那個媽媽如果能先深呼吸就好了！啊，怎麼對孩子說：『我要把你丟在這裡，我自己回家！』如果要切換到藍卡，要先深呼吸，還要情境製造才行。」

因為你能用客觀角度看待別人的行為，就會有很多「這麼做比較好吧」的想法。能像這樣在大腦裡將藍卡、紅卡做整理，表示你已經相當理解該怎麼做才好，剩下就是親自去實踐而已！

請多多實踐，累積大量的經驗值。

第 4 章

套用家裡常見問題來練習

接下來談話內容的角度會有所改變，想跟各位聊聊在你家中要如何使用藍卡呢？到目前為止已讓各位做了大量的練習，藍卡這個軟體（方法）應該已安裝完畢，在最後的收工階段，想跟各位說明並讓各位實際練習，針對發生在您孩子身上的問題行為，該把焦點擺在何處，以及如何組合藍卡與孩子應對。

「藍卡循環」與「紅卡循環」

我將重點製作成圖，就從這個圖開始解說。請各位看下一頁的圖。

首先說明「紅卡循環」。

①當孩子出現問題行為時，父母生氣發飆時，常會使用紅卡與孩子應對。

②而且，總會使用紅卡中，感覺強勢的「吼罵」、「威嚇」、「處罰」等幾張卡，孩子會因為害怕或受到驚嚇而停止問題行為。暫時會聽從父母的教誨。

從父母角度來看，當他用了紅卡來糾正孩子，他也會覺得自己很討厭，為什麼要這樣罵孩子，可是，同時他會認為是為了孩子好，才會這麼兇地斥責孩子，期待孩子

紅卡循環

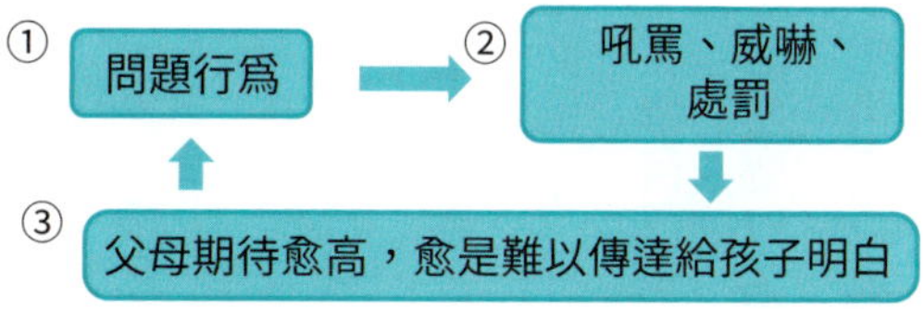
①
問題行爲
②
吼罵、威嚇、
處罰
③
父母期待愈高，愈是難以傳達給孩子明白

藍卡循環

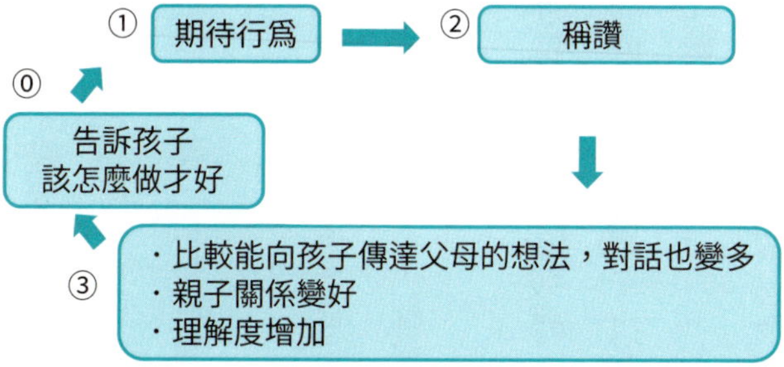
①
期待行爲
②
稱讚
③
・比較能向孩子傳達父母的想法，對話也變多
・親子關係變好
・理解度增加
⓪
告訴孩子
該怎麼做才好

能理解他的用心。

③然而，孩子之所以停止問題行為，完全是因為父母或紅卡很可怕，並不是因為他明白「這個行為不能做，以後要那樣做才行」的道理。父母期待愈高，愈是難以傳達讓孩子明白。

①又是一個新的循環的開始。即使下一次再度面臨相同情況，因為孩子他不知道「爸媽對我的期待行為是什麼」，所以又做了相同的問題行為。

這時候父母當然非常生氣。都已經氣到破口大罵了，孩子還不知道自己錯在哪裡？是不是故意再使壞？自己的努力到底有什麼意義？

於是，為了孩子好，是不是要罵得更兇，他才會聽懂？因為心裡這麼想，所以就更使勁地使用紅卡來教導孩子。

可是，後來情形也沒有好轉，只是同樣的事情一再發生。

在這樣的惡性循環中，有一點希望您能注意到，那就是**父母的心煩與心累**。孩子當然也覺得煩累，而且若哪個環節錯了，就會變成是在虐待孩子，但父母的煩與累只是更加重而已。

父母自己也很努力要當個好雙親，可是孩子完全不聽他的話。父母自己心靈也受傷，卻還要以強勢的態度來責備孩子，以為孩子終於聽懂了，結果下次竟又犯相同的錯，然後一直這樣惡性循環。

到這個地步，父母真的不知道該怎麼辦才好。如果在教導孩子過程中，被鄰居舉報，讓市政府職員或警察來家裡拜訪的話，那真的是有苦難言。

這個「紅卡循環」最可怕之處就是，儘管父母使勁使用紅卡來跟孩子溝通，卻很難讓孩子明白「該怎麼做才好？」，親子之間只是累積越來越多的傷害，溝通成效不彰，彼此更加心煩與心累而已。

因此，**最好避免陷入這樣的「紅卡循環」。**

那麼，要如何避免呢？重點就是**父母要盡早察覺自己是否已陷入以下的情況。**

- ✓ **一直在關注孩子的問題行為**
- ✓ **一直在思考紅卡的使用方法，想著「要如何做，才能讓孩子明白自己的意思？」**

這時候就是逆轉時機，也就是切換為「藍卡循環」的起點。

例：陷入紅卡循環時的媽媽觀點

- 孩子每天玩了玩具，都不會自己收拾好，真的很煩。現在也在玩玩具，我就好好觀察他，看他等一下是不是又不收拾就跑開了（關注問題行為）。
- 是不是要跟他訂立規矩（處罰）比較好？告訴他「沒有收拾玩具的話，就把玩具丟掉！」（紅卡使用方法的探討）

另一方面，「藍卡循環」的情形如下所述。

⓪告訴孩子他要怎麼做才是對的。這時候就是藍卡的「告知替代行為」、「一起做做看」、「提問・傾聽・思考」出場之時。

①於是，孩子表現出期待行為的機率會稍微提升。

②當孩子表現出期待行為時，要稱讚他。

③稱讚等於告訴孩子「剛剛那個行為是好的」，也可以提升孩子的理解度，親子關係也會更好。

⓪因為親子彼此都有過成功的經驗，就算下次再遇到相同的情況，想要清楚告訴孩子期待行為的障礙會減輕許多。

因此，①能表現出期待行為、②稱讚的藍卡循環就會啟動，即便是中途才啟動藍卡循環，省略了⓪的過程，孩子也會自然地表現出①的期待行為，父母只要做②的稱讚的流程，親子之間就能達到完美溝通，簡直是完勝。

想增加「藍卡循環」的機率，以下三重點要牢記。

✓ 關注孩子的期待行為

✓ 為了告知孩子期待行為，而思考藍卡的使用方法

✓ 發現期待行為的話，馬上稱讚

縱觀來看，藍卡循環對親子雙方都好，就算覺得這個模式有點麻煩，但為了營造美好的將來，現在是值得投資練習的時間，請努力實踐。

尤其念茲在茲、一心想發現孩子期待行為的心態更重要。在「稱讚」單元已說明過，孩子的期待行為並不容易被發現，而且早就發生了，所以能不能察覺到，成了勝負關鍵。

若能察覺到孩子表現期待行為，輕鬆愉悅的藍卡循環就會啟動。

例：進入藍卡循環時的媽媽觀點

- 其實，孩子也許已經會自己主動收拾玩具了（關注期待行為）。
- 要怎樣跟孩子說，才能讓他會自己主動收拾玩具呢？（藍卡使用方法的探討）
- 雖然全部收拾好，但是已經懂得要收拾玩具了！稱讚他吧！（發現期待行為，給予稱讚）

因為很重要，所以再說一遍。

要從「紅卡循環」切換至「藍卡循環」，請記住以下三重點。

①留意自己是否處在「特別關注孩子的問題行為，而想使用紅卡方法跟孩子應對」的狀態。

②萬一察覺自己處在①的狀態，馬上改變心態，將關注焦點轉換為期待行為。並建立「期待行為應該已經發生了，以後也應該會發生」的前提觀念。

③發現期待行為，馬上稱讚。如果尚未出現期待行為，使用藍卡來幫助孩子，讓他可以做到期待行為，當孩子表現出期待行為時，要馬上稱讚他。

※在「藍卡循環」階段，就算孩子出現問題行為，也是使用藍卡教導他，以及引導他表現期待行為，孩子做到了，就要稱讚。

總之，不論孩子表現出期待行為或問題行為，最後的流程一定是**「表現期待行為」→「稱讚」**。

如我一再強調，其實紅卡並不會完全消失，也沒有必要把紅卡歸零視為努力目標，**只要「紅卡循環」出現次數有減少，而「藍卡循環」出現機率變多就可以。**這就是現實情況。不需要反省，適當地使用就可，能做到的事有做到就夠了。

如何使用藍卡解決自己家的問題？

那麼，接下來要進行與先前截然不同的練習題。

首先，練習題的題目型態一律是「孩子做了這樣的問題行為」，請各位從**①針對問題行為「事前因應」、②「事後應對」、③對於孩子已經能做到的事情「多加稱讚來應對」**的三種方式來選擇你要的應對模式。

接下來，請配合各位所決定的方式，來組合藍卡與孩子應對。

練習題的題目內容全是特別讓人煩惱的問題。就算組合藍卡的方法，也會在心裡問：「這樣可以解決問題嗎？」

到目前為止、如同各位練習過的問題例，都是「使用藍卡因應就輕鬆解決」的問題；然而現實生活中遇到的問題常是「不曉得是否能順利解決，但總之先用藍卡來試著解決看看」的問題。

因此，**就算你沒有信心自己所選擇的方法是正確答案，不過，沒關係，更重要的是你是否願意跨出第一步，嘗試組合藍卡的方法，來解決你所面臨的問題。**如果無法跨出這一步，就會變成「練習時是高手，但遇到實際情況就破功了」的結果。

標準不須訂得太高！反覆試驗，從錯誤中找到正確的方法就可以。那麼，我們就來練習「跨出第一步」吧！

練習時間！

這種情況下該說什麼？39

堅持要一直穿著最愛的水藍色夾克

太郎非常喜歡最近媽媽買給他的水藍色夾克。因此，昨天和今天要去幼稚園時，他都堅持「我要穿夾克上學！」媽媽為了說服太郎乖乖穿制服，煞費苦心。

雖然最後太郎聽勸，換上制服出門，但是媽媽一早就使勁全力與他溝通，真的好累。傍晚媽媽在準備晚餐

時，心裡就在想：「明天又會有夾克問題吧？真的好累……」

那麼，請選擇你想採取的方法。如果各位是這位媽媽的話，會如何因應呢？請從以下三種方式來選擇。

①針對問題行為「事前因應」

②「事後應對」

③對於孩子已經能做到的事情「多加稱讚來應對」

因為沒有所謂的正確答案，請憑直覺選擇你喜歡的應對方式。請選。

那麼，有答案了嗎？

接下來，請配合你選擇的應對方式，來組合藍卡。

這麼說就OK！

①「事前因應」的例子

（晚餐準備工作結束時）

〔情境製造〕太郎，你過來一下。

〔提問・傾聽・思考〕媽媽想跟你一起想想，去哪裡的時候可以穿太郎那件夾克出門。幼稚園不行，因為要穿制服，可是，除了幼稚園，太郎有沒有想去的地方？比方說公園或便利商店？

去次郎家玩的時候，也可以穿夾克啊！媽媽知道了，就這麼辦吧！

〔展現同理心〕媽媽知道，你想秀那件夾克給朋友看嘛！

這麼說就OK！

②「事後應對」的例子

（早上，太郎吵著說：「我不要穿制服！我想穿夾克上學！」）

【展現同理心】媽媽知道你很想穿那件夾克。

【替代行為】雖然不能穿那件夾克上學。不過，從我們家走到公車站牌的這段時間，你可以將夾克穿在制服上面，等朋友看到你的夾克，我們再脫掉，這樣可以嗎？

【一起做做看】好，那麼，我們在這裡先練習一次。先穿制服，再穿上夾克。然後走到公車站牌，朋友都看到了，就把夾克脫下來。好，脫夾克。

【稱讚】很好，做得很好。這樣朋友就可以看到你的夾克了。

這麼說就OK！

③「多多稱讚來應對」的例子

（晚餐準備工作結束的時候）

〔情境製造〕太郎，過來這裡一下。

〔稱讚〕今天早上你忍住想穿夾克上學的想法，最後很乖地換上制服，你真的很棒。媽媽覺得太郎也長大了，變得更懂事了。

這種情況下該說什麼？40

懷了第二胎，太郎竟出現返嬰行為

媽媽懷了第二胎，肚子越來越大，太郎竟出現返嬰行為。於是媽媽決定凡事都以太郎為最優先，也盡量多製造與太郎相處的時間。

有一天，太郎要吃飯的時候，說了一句：「媽媽餵我！」不再自己吃飯，以後每次吃飯都要媽媽餵。不過，之前太郎都是自己吃飯。

用餐的經過如下所示。

- 說完開動了，就自己吃飯，吃了大約半碗。
- 中途突然開始吵著：「我要媽媽餵！」
- 最後是媽媽把飯餵完。

那麼，請選擇。

①「**事前因應**」
②「**事後應對**」
③「**多多稱讚來應對**」

選擇哪個方式呢？該如何因應呢？請練習。

接著，請配合你選擇的應對方式，來組合藍卡。

這麼說就OK！

①「事前因應」的例子

（準備要吃飯前）

〔情境製造〕太郎，過來這裡坐。（一起坐著）

〔替代行為〕如果媽媽餵太郎吃飯了，接下來太郎就要自己吃飯，媽媽希望照這樣的步驟來吃飯。

〔一起做做看〕我們來練習一次看看。媽媽現在餵你吃飯，來，嘴巴張開。好，那麼接下來太郎要自己吃飯。好，自己吃飯。

〔稱讚〕很好，有照步驟做。以後也要這麼做喔！

這麼說就OK！

②「事後應對」的例子

（大家在吃飯，太郎說「媽媽餵我！」）

〔展現同理心〕好的，好的，媽媽知道你想讓媽媽餵你吃飯。

〔提問・傾聽・思考〕要媽媽餵你沒問題，可是，媽媽更希望太郎能自己吃飯。

該怎麼做，才能讓太郎自己吃飯呢？

〔替代行為〕你說飯媽媽餵，肉自己吃？這個方法確實蠻有趣的。就這麼做吧！

〔一起做做看〕那麼，我們趕快來做做看。

〔稱讚〕嗯，很好，太郎會自己吃了。

這麼說就OK！

③「多多稱讚來應對」的例子

（說完「開動了」，太郎自己吃飯的時候）

【稱讚】哇！太郎好棒，吃飯的姿勢很正確，真的太帥了！

（吃飯吃到一半，突然說「媽媽餵我」時）

【替代行為】這樣好了，你自己先吃完半碗，剩下的媽媽再餵你。

【等待】（等待太郎自己吃飯）

【稱讚】好棒，太郎很會自己吃飯嘛！看你吃飯的樣子，感覺好好吃！那麼，你可以自己再吃一點點嗎？好棒！媽媽在旁邊幫你加油！

「藍卡」的提示

想減輕與孩子應對時的難度，有三個訣竅要記住。

①行動細分化

不要想一次就達標，**這個方法要將行動細分化，小範圍嘗試「做做看」，讓親子一起累積「做到了」的成功體驗。**

行動細分化，孩子比較容易做得到，成功機率也會提升。媽媽也會有許多可以稱讚孩子的機會，會覺得所有事都往好的方面在進展。

舉例40來說，並沒有把目標訂在「讓太郎自己把飯吃完」，而是將行動細分化，例子中的媽媽對太郎說：「媽媽先餵你，接下來你要自己吃喔！」

如果你家的孩子有「早上不肯自己換衣服」的問題行為，一開始的目標最好訂為

「他自己走到換衣服的地方（衣櫥前）」，等到孩子能夠自己走到衣櫥前，接下來再挑戰「自己脫下睡衣，換上衣服」的目標，**好像爬樓梯一樣，一次只爬一階，慢慢達成目標。**

②用心去發現孩子表現期待行為的時間點

如「稱讚」單元所述，**期待行為是問題行為的反面行為，多數時候，期待行為其實已經出現了。希望孩子變好，與其一味關注其問題行為，多多稱讚他符合期待的表現才是捷徑。**

在例39、例40的情況下，難免會忍不住關注孩子的問題行為，但其實太郎已經表現出期待行為，所以值得稱讚。

③使用「提問．傾聽．思考」這張卡，跟孩子一起思考

感覺困擾的時候，不妨跟孩子一起思考——如果能做到這一點，媽媽真的會輕鬆不少。你可以這麼跟孩子說：「媽媽知道你想〇〇，可是，太郎，你覺得應該怎麼做才好呢？」

為了達到這個目標，**關鍵在於避免使用紅卡，以及平常就要大量使用藍卡跟孩子溝通。**讓親子在平日就不斷累積正向教養溝通的經驗值。

這種情況下該說什麼？41

上完游泳課，老是忘記把泳褲或泳帽帶回家

太郎開始上游泳課了。上完課，要去更衣室換衣服，可是，太郎卻在其他大哥哥的激勵下，決定要自己換衣服。媽媽只好在更衣室外面等他。

結果，太郎常常忘記把泳褲收進書包裡，就直接走出更衣室。太郎完全沒注意到自己遺漏了什麼東西，隔天媽媽就得再去游泳教室把東西帶回家。每次

太郎遺漏了東西，媽媽都會提醒他下次要注意。

最近連續三天都忘記把泳褲帶回家，媽媽真的有點生氣了。

那麼，你要如何因應呢？請從以下三個方式來選擇。

①「**事前因應**」

②「**事後應對**」

③「**多多稱讚來應對**」

想好答案了嗎？

接下來請配合你選擇的方式，來組合藍卡。

這麼說就OK！

①「事前因應」的例子

（在家裡，準備出門去上游泳課）

【情境製造】太郎，你過來一下。

【替代行為】上游泳課前，我們先來練習一下換衣服。你脫下泳褲後，要馬上把泳褲放進塑膠袋裡，再放進書包。

【一起做做看】那麼，現在就練習看看。

這麼說就OK！

②「事後因應」的例子

（從更衣室出來，發現太郎又忘記把泳褲放進書包）

【冷靜】深呼吸、深呼吸

【稱讚】你會自己換衣服，真棒！

【提問・傾聽・思考】你好像把脫下來的泳褲忘在更衣室裡，脫下泳褲後，你該如何做呢？

【稱讚】是的，你有記住媽媽的話。脫下泳褲後，要馬上放進塑膠袋裡，再收進書包。

【替代行為】那麼，進去把忘記的泳褲帶回家吧！

這麼說就OK！

③「多多稱讚來應對」的例子

（太郎沒有忘記帶泳褲回家，脫下後把它收進書包裡，從更衣室走出來時）

〔稱讚〕太郎，你好棒！你會自己換衣服。還記得把泳褲收進書包裡。

〔提問・傾聽・思考〕為了不會忘記帶泳褲回家，脫下泳褲後，你做了什麼呢？

〔稱讚〕你馬上將脫下來的泳褲放進塑膠袋，再收進書包。太郎真的很棒，有牢牢記住媽媽的話。

「藍卡」的提示

在最後的「多多稱讚來應對」例子中，對於太郎忘記帶泳褲回家的這個問題行為，媽媽把關注點擺在記得帶泳褲回家的時候，然後給予稱讚，這就是「用心去發現孩子表現期待行為的時間點」的最佳說明範例。

對父母而言，**這是輕鬆簡單的應對方式。**請多多使用。當孩子出現問題行為時，父母都會想當場糾正，可是**與其用「吼罵」來糾正，倒不如好好想想孩子「有什麼事是可以稱讚的」，這樣的糾正效率會更好。**

因此，當孩子出現問題行為時，如果當時你的時間與心情都是寬裕的情況下，不妨思考「①事前因應」、「②事後應對」、「③多多稱讚來應對」三個方式中要選擇哪一個，決定好了以後，再組合藍卡跟孩子溝通。

全家人一起練習吧！

我想各位應該已經厭煩自己一個人孤軍奮鬥，所以最後想邀請你的家人，跟你一起練習，還可以增進家人的感情呢！

●只要召集家人，一起練習就可以

跟以前的練習一樣，從全家人一起練習與實際體驗開始吧！

練習時間！

這種情況下該說什麼？42

全家人一起練習！

登場人物有媽媽、爸爸、花子（六歲）、太郎（四歲）等四人。

最近家裡買了一台遊戲機。結果每逢吃飯時間、洗澡時間、要出門的時候，常會發生如下的問題。

・花子和太郎在玩遊戲機時

↓總是玩到欲罷不能，爸爸有時候會提醒他們，有時候卻完全無視。

不知什麼時候，媽媽變成要應對的對象
媽媽，該吃飯了
我才剛打倒老大而已！

・太郎一個人玩的時候

↓玩到欲罷不能，花子一副事不關己的態度，爸爸有時候會提醒太郎，有時候視而不見。

不管是哪個情況，主要關注者還是媽媽，媽媽每次都要處理這些問題，真的覺得很煩。

於是，媽媽決定「全家人一起練習」。媽媽認為「不管遊戲是否結束，當媽媽或爸爸叫人的時候，就要停止玩的動作，將控制器放在電視櫃上面」，所以她跟家人做了這樣的約定，想跟全家人一起練習看看。

那麼，開始練習囉！

練習 42－1

首先，扮演媽媽角色的各位，請把爸爸、花子、太郎叫來客廳集合。

這麼說就OK！

「爸爸、花子、太郎，你們過來一下。大家坐下來聊聊。」

練習 42－2

接下來，媽媽與三人談話。雖然交談對象有三位，但是大家要做的練習都跟之前一樣。請媽媽負責分配工作，使用藍卡與三位家人練習停止玩電玩的方法，並且立下要遵守的約定。

〔替代行為〕 →

〔一起做做看〕 →（實際上電視和遊戲機的開關都是開著，媽媽對太郎說：「要吃飯囉！」，爸爸對花子說：「該洗澡了！」，請練習）

〔稱讚〕 →

這麼說就OK！

〔替代行為〕在玩遊戲機時，如果爸爸或媽媽叫你們，就要停止玩遊戲，把控制器放在電視櫃上。

〔一起做做看〕那麼，大家一起來做做看。太郎，打開電視和遊戲機，假設現在太郎一個人在玩遊戲機，媽媽對你說：「吃飯了，不要再玩了。」太郎要照約定，停止玩遊戲。

好，吃飯了，不要再玩了。

〔稱讚〕就是這麼做，很棒。有關電源，也把控制器放好。

〔一起做做看〕這次換花子練習。來，打開電視和遊戲機的開關，那麼，爸爸跟你說：「該洗澡了！」花子馬上停止玩遊戲機。來，你們兩個也練習看看。

〔稱讚〕很好，做得很好！

「藍卡」的提示

媽媽先跟某位小孩進行一對一的教導，然後再跟全家人訂下規矩，大家都照規矩做。

因為已跟家人立下規矩，即使媽媽在糾正玩到不能停手的太郎，**花子或爸爸聽到了或看到了，也能以當事人身分，加入溝通的行列，一起糾正太郎。**

●花子和爸爸也幫媽媽一起糾正太郎的例子

媽媽「太郎，不要再玩了！」

太郎「唉呀，再玩一下就好。」

花子「太郎，我們不是約定好，這時候要把電源關掉，把遙控器放在電視櫃上面啊！」

太郎「……（關掉遊戲機）」

爸爸「哇，太郎好棒，叫你關掉，就馬上關掉。」

若像例子的情況，媽媽一定會覺得輕鬆多了。即便現實的溝通不像例子那樣順利，只要全家人有「哪個行為是不好的，怎樣的行為才是被期待的」的共識，孩子們的意識就會有所改變，問題行為出現機率也會減少。親子溝通好轉的可能性也會稍有提升。

因為每位家人都是教養孩子的當事人，爸爸和孩子們也是當事人。爺爺和奶奶如果不想成為大家的負擔，當教養孩子的協助當事人也許是個不錯的選擇。

那麼，哪種情況適合「全家人一起練習」呢？舉例如下。

- 要出門時，要趕快走到門口，穿好鞋子。
- 搭車時，要趕快坐好，繫上安全帶。
- 在人多的場合要避免走失，當大人說「停下腳步，不要再往前走」時，就要馬上站住。

・參加慶典活動或逛夜市、園遊會時，約定花錢消費的次數只有三次。

類似上述的情況，全家人預先使用藍卡一起來練習。

練習方式與一對一教導的方式，並沒有太大的差異，請以輕鬆的心情來練習。**如果進行順利，真的是獲益良多。**

● 讓全家人都能使用藍卡溝通

最後，為了讓剛剛的「全家人一起練習」的功力再升級，讓媽媽以外的家人也能順利使用藍卡，針對重點部分先加以說明。

請再閱讀一次剛剛的那個例子。

● 花子和爸爸也加入教導太郎的行列之例子

媽媽：「太郎，不要再玩遊戲機了。」
太郎：「嗯～，再玩一下下就好。」
花子：「太郎，我們不是說好要馬上關掉電源，把控制器放在電視櫃上面。」
太郎：「……（關掉遊戲機）」
爸爸：「哇，太郎，你馬上就關掉遊戲機呢！」

在這個例子裡，花子是「替代行為」告知者，她告訴太郎要關掉遊戲機，並把控制器放在電視櫃上面；爸爸是「稱讚者」，看到太郎關掉遊戲機，馬上稱讚他。大家都用了藍卡，真是完美的合作演出。

萬一採取紅卡方式來溝通，花子就會口氣不佳地說：「太郎，你在搞什麼？你是白癡嗎？都聽不懂人家說的話！」爸爸會以不耐煩的語氣說：「如果平常也能像這樣，馬上就關掉遊戲機該多好！」如果真的這麼說，所有努力就會變成泡沫。

總之，媽媽以外的家人不僅要參與教育孩子的工作，懂得使用藍卡也是非常重要。

希望家人懂得使用藍卡，有三個重點要記住。

①**平常時候要讓其他家人多多看到媽媽是如何使用藍卡來與孩子應對。**尤其要讓他們看到成功的時候，**家人共享成功體驗非常重要**，會更具說服力。

②基本上要**耐心等待其他家人會自然地模仿媽媽的行為。**如果召集其他家人一起練習的話，要語氣柔和地請求其他家人好好跟你配合。**比方這麼說：「太郎做了〇〇時，請小小稱讚他一下，對他說：『你很棒！』」**

③**只要家人用了藍卡，就算他只是用到一張藍卡，也要稱讚他**，並感謝他。即使不是用得很順，但也要針對他想用藍卡溝通的這份心意表示感謝與讚美。

到這裡，可能有人心裡會有這樣的疑慮：「先不說孩子了，為什麼連對丈夫說話，語氣都得要如此謙遜呢？」會這麼想也無可厚非。

雖然無可厚非，但是要直白告訴另一半：「請使用藍卡交談」，其實相當難啟齒。不只「妻子對丈夫」難啟齒，換成「丈夫對妻子」的情況，也一樣難開口。

包含我在內，連曾經上過親子溝通應對方法研修課程的專家或講座學員，也常常會遇到這樣的問題：「我就直接跟另一半說，告訴他要怎樣跟孩子相處應對，結果兩人溝通不良，最後演變成夫妻吵架。」

對於有過實際經驗、曾經體驗過成效的人一定會認為「使用藍卡溝通是有利的」，然而，對於被建議使用藍卡的人來說，他會覺得「別人為什麼要隨意干涉自己教養孩子的方法，硬要把他自認的理想論或正確理論套在我身上」，因而就會想反抗、反駁。

因此，當你建議其他家人使用藍卡的時候，還是要抱持謙卑的態度來邀請其他家人加入你的行列，才不會讓對方產生排斥感。

整個情況的進展就跟「藍卡循環」一樣，詳述如下。

讓家人親眼看見媽媽使用藍卡，與孩子進行溝通的成功案例，家人就會有想模仿的意念，同時也能提升家人想使用藍卡的可能性，當家人使用藍卡時，媽媽要當場稱讚。

那麼，一起來做最後的練習吧！

這種情況下該說什麼？43

每次吃自助餐就會興奮過度！

媽媽、爸爸、花子、太郎一家人出門旅行。晚餐是吃飯店的自助餐。孩子們一定很開心。

然而，根據孩子的個性來看，可以預想他們一定會把首入眼簾的一、兩樣喜歡的料理夾很多到盤子裡，然後很快就吃飽了（比方說吃了好多炸薯條，馬上就飽了）。

唉呀，
那個人真討厭，
炸薯條裝滿整個盤子，像一座山，
孩子可是會模仿他這樣的壞行為呢！
……
不是我家的爸爸喔

站在媽媽立場，希望孩子先繞一圈現場，把所有料理都看過一遍，看看有哪些肉類料理和甜點，再從中取喜歡的食用。

練習43-1

首先在離開飯店房間前，先全家一起練習「到了自助餐廳，先繞一圈將現場的所有料理看過一遍」。

媽媽負責引導。請練習。

〔替代行為〕↓

〔一起做做看〕↓

〔稱讚〕↓

這麼說就OK！

〔替代行為〕等一下要去吃自助餐，因為會有許多美食，所以一開始先繞一圈看看有什麼菜，然後再拿喜歡的吃。

〔一起做做看〕那麼，我們一起練習看看。假設這裡是自助餐廳的入口。爸爸和花子一組，媽媽跟太郎一組，先繞一圈看看。嗯，有肉，也有魚，還有甜點。

〔稱讚〕對，就是這樣。大家都看過一遍了。

練習 43-2

一走進自助餐廳，太郎立刻被堆得滿滿的德國香腸吸引，開心地說：「等會我要吃很多香腸。」

花子想提醒太郎要遵守約定，馬上對他說。

「太郎，這裡有很多美食，我們先走一圈看看。」

那麼，看到花子使用藍卡來教導弟弟，請稱讚她。

〔稱讚〕↓

這麼說就OK！

〔稱讚〕花子，謝謝你剛剛簡單扼要提醒太郎「先繞一圈看看再說」，幫媽媽很大的忙。

練習43－3

全家四個人繞了會場巡視一圈，各自將喜歡的食物無遺漏地拿到盤子裡，並回到座位。

這時候爸爸也加入稱讚的行列，稱讚兩名孩子說：「花子、太郎，你們都如剛剛練習過那樣，巡視一圈菜色，然後選擇喜歡的食物，拿到盤子裡，真的很棒。」

那麼，請媽媽使用藍卡稱讚爸爸。

〔稱讚〕

↓

這麼說就OK!

〔稱讚〕有了爸爸的褒獎，孩子們看起來很開心呢！

「藍卡」的提示

實際練習後的結果如何呢？「全家人一起練習」乃是之前練習過的藍卡應用篇（只是溝通對象人數有增加而已，之前是一對一，現在則是一對多），大家練習起來應該也算是得心應手。

當全家人都能上手地使用藍卡對話，媽媽會輕鬆不少，**家裡的正向溝通次數會變多，對大家都有好處。**

而且，會使用藍卡與人溝通的孩子，其社會性（社會生存能力、與人交際能力）也會提升。

好不容易有這個練習的機會，不要只有媽媽會使用藍卡，更希望全家人都能使用藍卡來溝通。

礙於書本的篇幅，全家人的練習只能到此為止；不過，若能全家人一起練習「等待」、「冷靜」這兩張卡更棒。

後記

各位，練習了這麼多，辛苦了！藍卡特訓在此要劃上句點了。

經過這些練習，各位在日常生活中使用藍卡進行親子溝通的機率應該有所提升，遇到「被孩子的問題行為氣到要發飆吼罵」的情況時，也可以在緊要關頭「瞬間逆轉情緒」。

還有，請各位繼續使用您認為簡單易做的應對方法來累積實際經驗。

此外，**使用藍卡進行親子溝通，如果溝通對象從小小孩換成國中生或高中生，方法都是一致的，這一點非常重要。**

與孩子應對時，確實會因年齡不同而導致情況有所變動，可是，若從日常生活情況來看，面臨的問題大抵也是從「收拾火車玩具」變成「收拾社團用具」的程度，所以，基本實施方法是不變的。

未來，各位會使用到藍卡的期間其實很長，所以，請安心、耐心、漸進式挑戰就可以。這是我給各位的建議。

對於各位做了這麼多的練習，在此向各位深深致謝。

零吼罵育兒的神逆轉練習
運用三張逆轉卡，讓情緒轉換，不罵不逼，孩子更願意聽！

作　　者—伊藤德馬
翻　　譯—黃瓊仙

主　　編—蔡月薰
企　　劃—謝儀方
美術設計—點點設計 × 楊雅期
內頁排版—點點設計 × 楊雅期

總 編 輯—梁芳春
董 事 長—趙政岷
出 版 者—時報文化出版企業股份有限公司
　　　　　108019 台北市和平西路三段 240 號 7 樓
　　　　　發行專線（02）2306-6842
　　　　　讀者服務專線　0800-231-705、（02）2304-7103
　　　　　讀者服務傳真（02）2304-6858
　　　　　郵撥　1934-4724 時報文化出版公司
　　　　　信箱　10899 台北華江橋郵局第 99 信箱
時報悅讀網— http://www.readingtimes.com.tw
電子郵件信箱— books@readingtimes.com.tw
法律顧問—理律法律事務所 陳長文律師、李念祖律師
印　　刷—勁達印刷有限公司
初版一刷— 2025 年 6 月 13 日
初版二刷— 2025 年 8 月 21 日
定　　價—新台幣 420 元

版權所有，**翻印必究**（缺頁或破損的書，請寄回更換）
ISBN ｜ Printed in Taiwan ｜ All right reserved.

> 零吼罵育兒的神逆轉練習：運用三張逆轉卡，讓情緒轉換，不罵不逼，孩子更願意聽！/ 伊藤德馬作；黃瓊仙翻譯. -- 初版. -- 臺北市：時報文化出版企業股份有限公司, 2025.06
> 　面；　公分
> ISBN 978-626-419-464-8(平裝)
>
> 1.CST: 親職教育 2.CST: 親子溝通 3.CST: 育兒
>
> 528.2　　　　　　　　　　114005222

時報文化出版公司成立於一九七五年，並於一九九九年股票上櫃公開發行，
於二〇〇八年脫離中時集團非屬旺中，以「尊重智慧與創意的文化事業」為信念

子どもも自分もラクになる どならない「叱り方」
KODOMO MO JIBUN MO RAKU NI NARU DONARANAI SHIKARIKATA Copyright © 2023 by Ito Tokuma Original Japanese edition published by Discover 21, Inc., Tokyo, Japan Complex Chinese edition published by arrangement with Discover 21, Inc.